弁護士に学ぶ
シリーズ

弁護士に学ぶ！

契約書作成の
ゴールデンルール
—— 転ばぬ先の知恵と文例〔第2版〕

弁護士 奥山倫行 著

発行 ⊕ 民事法研究会

第 2 版はしがき

　本書の初版の発刊から 4 年近い歳月が過ぎました。幸いにも、多くの皆様に本書を手にとっていただくことができ感謝しています。ありがとうございます。

　この間、本書をめぐる環境に大きな変化がありました。
　1 つ目の大きな変化は、民法が改正されたことです。2017年（平成29年）5 月26日に民法の一部を改正する法律が成立し、一部の規定を除いて2020年（令和 2 年）4 月 1 日から施行されました。今回の民法改正は約120年ぶりの大改正で、制定後約120年の間に生じた社会や経済情勢の変化への対応や、民法には明定されていないにもかかわらず裁判実務や取引実務で通用していたルールの明確化が行われました。具体的には、消滅時効に関する規定の見直し、法定利率に関する規定の見直し、保証債務に関する規定の見直し、定型約款に関する規定の新設等です。当然のことながら、契約実務にも影響が生じています。
　もう 1 つの大きな変化は、電子契約書の利用が増えてきたことです。電子契約は、締結されていた契約を電子文書に置き換えた契約方式のことです。電子署名やタイムスタンプを利用して双方の合意を証明すれば、法的効力が認められます。インターネットや専用回線などの通信回線で契約を完結できるのが特徴です。
　さらに大きな変化は、2019年（令和元年）に発症した新型コロナウイルス感染症が世界的に大流行し、そのような不安定な状況を踏まえて、契約書に規定する条項にも一部修正をしたほうがよい点も出てきました。

加えて、日々、さまざまな創意工夫のもとで日々の業務を行っていますが、その一例として債権回収の場面で「(仮) 人間関係担保」という方法を考案し、使用しています。これは、情報や信用の価値が高まる社会情勢の中で、債務者に関する情報（人脈、行動履歴、それらを示す画像等のデータ）に担保設定しようとするある意味画期的な取組みの1つで、そのようなアイデアを紹介させていただくのも有益だと考えました。

　最後に、私の所属する法律事務所も毎年少しずつ人が増えています。そして、新しく入った新人弁護士にはOJTで仕事の仕方を伝えていくのですが、ある日、契約書の作成や審査について、毎年、同じことを繰り返し伝えていることに気づきました。新人弁護士のレクチャーに時間を割いていると他の仕事に割く時間が奪われるため、このままだと非常に効率が悪いということで、定型化できるものについてはマニュアルのようなものを作成し始めています。その一環として、契約書の審査業務を行ううえでの手順書のようなものを作成したので、ひょっとして、その手順書も紹介できれば、読者の方のお役に立てるのではないかと考え、巻末付録に「契約書審査のポイント（総論）」として収録させていただきました。

　本書の初版の発刊以降に生じたこれらの変化等を踏まえて、読者の皆さまにとって少しでも有益な情報を提供させていただきたいとの想いで初版の内容に加筆修正したものが、今回の第2版になります。

　初版に比べて、よりアップデートされた内容になっていますし、新しいアイデアも盛り込んだ意欲作なので、1人でも多く

の方の手に渡り、参考にしていただけると幸せに思います。

　新型コロナウイルス感染症の１日も早い収束を願いつつ。

　　2021年11月吉日

奥 山 倫 行

すべては契約に始まり契約に終わる

　私は、弁護士として、日頃、企業法務の分野を中心に業務を行っています。担当させていただいているクライアントの業種もさまざまですし、社歴の長い会社から社歴の浅い会社まで数多くのクライアントから日々のご相談をいただいています。

　私は、2002年に弁護士登録をしてから最初の5年弱は大企業の案件や国際的な取引に関するリーガルサービスを提供する東京の大手渉外事務所に勤務していました。そこでは大企業の契約締結に関する実務を担当させていただきました。特に弁護士になりたての頃は、売買契約や金銭消費貸借契約や賃貸借契約といった、どのような企業や事業者でも日頃から目にする典型的な契約書はもちろん、それ以外にも、そのような分野の業務を営んでいる企業や事業者でなければ、普段目にする機会が少ない知的財産権に関する譲渡契約書やライセンス契約書、M&Aに関する契約書や国際的取引に関する契約書など、幅広いジャンルの数多くの契約書の作成、確認、検討、解釈、修正業務を担当させていただきました。

　その後、2007年に故郷である札幌で、自分たちの法律事務所を創業して現在に至りますが、クライアントの多くは中小企業や個人事業者が占めるようになりました。中小企業や個人事業者の取引実務では、契約書を取り交わすことなく、口約束のまま取引が進むことが多く、それが原因となってトラブルや紛争が生じ、当事者の代理人としてトラブルや紛争解決の業務にあたる機会も増えました。そのようなトラブルや紛争の中には、交渉で解決できる場合もあれば、調停や訴訟に進まざるを得な

い場合もあります。不幸にもトラブルや紛争に発展してしまった事例の多くは、事前に契約書を作成して、契約書に従って取引が行われていれば、後日トラブルや紛争に発展することもなかったと感じられるものばかりでした。

　このように不幸な出来事が起きるのは、中小企業や個人事業者が契約の重要性について十分に理解していなかったり、理解していても誤解していたりすることが原因です。私から「どうして契約書を締結していないのですか」と質問すると、多くの企業や事業者からは「面倒だから」「手間がかかるから」「時間がかかるから」「専門家に依頼すると費用がかかるから」「これまでもそうやってきたから」「契約書を要求すると相手との関係が悪くなるような気がするから」「相談する人がいないから」などといった答えが返ってきます。でも、契約書を締結しないまま取引を続けて、相手との間でトラブルや紛争が生じてしまった場合には、その解決のために、契約書の締結にかかる手間・暇・費用とは比べられないくらいの多くのコストがかかります。また、トラブルや紛争になって関係がこじれてしまうので、取引先との関係性も修復不可能なくらいまで悪化してしまうことが通常です。

　多くの企業や事業者が契約書の必要性や契約書の内容を誤解したまま、日々の取引を行っていますが、このような無理解や誤解が、中小企業や個人事業の成長にとっては大きな落とし穴になっています。企業や事業を安全・着実に成長させていくためには、契約書の必要性をしっかりと認識し、契約書の内容を正しく理解することが不可欠です。契約書に関する多くの誤解を取り除いて、正しい心掛けと正しい知識のもとで事業活動を行っていくことで、企業や事業をとりまくトラブルや紛争を少

なくすることができますし、契約書を戦略的に活用することで、企業の成長に加速度を増すことができるのです。

　本書の内容が1社でも多くの企業や事業者の転ばぬ先の杖となり、無用なトラブルや紛争が減少し、明るい豊かな社会が実現する一助になることを願っています。

　2016年4月吉日

奥 山 倫 行

『弁護士に学ぶ！　契約書作成のゴールデンルール〔第２版〕』

目　次

第1章　**契約に関する誤解**

目
次

目次

<table>
<tr><td>第2章</td><td></td></tr>
</table>

契約の種類と基本フレーム

第2章

目次

目
次

第3章
各契約書に共通する一般条項

目次

目次

目
次

第4章 # 各種契約の具体的内容と注意点

目次

目
次

目
次

目
次

目
次

Chapter · 1

....

契約に関する
誤解

Introduction

　企業法務を扱っている弁護士にとって、契約書の作成、契約書の確認、契約書の検討、契約書の解釈、契約書の修正は日常的に発生する業務です。私の事務所でも、契約書に関連する業務を扱わない日はないくらい、来る日も来る日も、契約書や契約関係に関する何らかの業務を行っています。弁護士になってから、これまで、何通の契約書に目を通してきたのか数えたことはありませんが、業務日に契約に関連する業務を行わないことはないので、これまで、自分でも想像できないくらい膨大な数の契約書を作成し、確認し、検討し、修正してきたことは間違いありません。

　弁護士はクライアントから依頼を受けて法律業務を行う存在です。そのため、契約書を作成するにしても、確認するにしても、修正するにしても、常に、クライアントの意向を確認しながら業務を遂行していきます。そして、クライアントと契約書や契約関係に関する打合せを行う際に、多くのクライアントが契約書や契約関係に関する共通した誤解を抱いていることに気づきます。

　契約書や契約関係について正しく理解せずに、誤解を抱いたまま契約を締結すると、後に大きなトラブルや紛争に巻き込まれることになりかねません。誤解を抱いたまま契約書を作成しても、あるいは契約書の修正をしたとしても、自らの権利を確保し、相手の義務を適切に履行させるために必要な法律関係を構築することはできないのです。

　企業や事業を安全に成長させ、存続させていくためには、契約に関する理解を深め、契約に関する誤解を改め、契約を正し

く活用することが不可欠です。そのため、本章では、私が、こ
れまで日々の業務の中で、クライアントから質問を受けたり、
相談を受けたりしてきた経験の中で遭遇した、多くのクライア
ントが共通して抱いている誤解について説明します。

1.

これまでどおりで よいのか？

(1) これまでのことが今後も通用するか

　日々の相談業務の中で、私から相談者に「契約書を作成していますか」と尋ねると、自信満々に「契約書は作成していません」という答えが返ってくることがあります。続いて、私から「どうして契約書を作成しないのですか」と尋ねると、「これまで何十年も契約書を作成せずに取引を続けてきました」とか、「これまで契約書を作成せずに取引を続けてきたけれど問題は起きませんでした」とか、「何となく必要だとはわかってはいましたが、これまでトラブルも起きませんでしたし、面倒だから契約書はいらないと思います」といった答えが返ってきます。これらの答えに共通しているのは「これまでトラブルや問題が起きなかった」ということです。

　そこで、私から「これまで大丈夫だったといっても、今後もトラブルや問題が起きないという保障はありませんよね」とか、「これまでは大丈夫だったかもしれませんけれど、たまたまトラブルや問題にならなかっただけではないのですか」と尋ねると、「そう言われればそうかもしれないけれど……」といった若干不安気な答えが返ってきます。おそらく、このような答えをする多くの方は「契約書は存在したほうがよいけれど契約書がなくても大事にはならない」と考えているのだと思います。

ですが、これまで大きなトラブルや問題がなかったとしても、今後もトラブルや問題が生じない保障はどこにもありません。これまでは、取引先の社長との個人的な信頼関係の中で何とかなっていただけかもしれません。たとえば、もし取引先の社長が突然亡くなった場合には、社長が交代することになりますが、新しい社長との間で、これまでの信頼関係が維持される保障はどこにもないはずです。また、取引先の会社が突然破産してしまって、取引先の会社に破産管財人が選任された場合には、破産管財人に会社の管理処分権はすべて専属してしまうので、これまでの信頼関係などといった議論は通用しなくなります。さらに、取引先が M&A で会社を他の第三者に身売りした場合など、そのような事態を想像するとキリがありませんが、いずれにしても、これまで問題が生じなかったとしても、明日も問題が生じないとは限りません。取引の当事者双方にとって、契約書はないよりもあったほうがよいことは間違いありません。

⑵　注文書と注文請書があるから大丈夫か

　打合せ中の契約書に関する質問に対して、「うちは、相手から注文書をもらって、うちから注文請書を出して、それが契約書みたいなものだから」という答えが返ってくることもあります。確かに、工事請負契約などにおいては、注文書と注文請書だけのやりとりで取引が行われることが頻繁にあります。契約日や現場名、契約金額や支払条件が記載されている注文書や注文請書があれば、当事者間でどのような内容の契約が締結されたのかをある程度立証することはできます。ただ、注文書や注文請書の記載だけでは、当事者間の契約内容にズレが生じていたり、他の図面や電子メールのやりとりをみなければ詳細な工

事内容がわからなかったり、イレギュラーな事態が生じた場合への対応が書いていなかったりするので、トラブルや紛争が生じかけた場合の対応に苦慮することになります。

　注文書や注文請書だけでも、契約内容の一部を証明しうる資料にはなりますが、十分ではありません。契約書がないよりもあったほうがよいのは明らかです。

⑶　形だけの契約書

　また、「契約書は一応つくってあります」という答えが返ってくることがあります。この「一応」というのが曲者です。私から「一応とは、どういうことですか」とお尋ねすると、「相手から社内の稟議のために必要だからということで形だけつくりました」とか、「税理士から指摘されて簡単な契約書を形だけつくりました」などといった答えが返ってきます。そして「一応つくった」という契約書に基づいて、相談者に「この契約書には〇〇と書いてありますよ」とか「この契約書からすると〇〇と解釈されますよ」と説明すると、「本当ですか。読んでいませんでした……」とか「確かに、〇〇と書いてありますけれど、実際には違います……」といったおぼつかない答えが返ってきます。

　実際に、トラブルに発展して、訴訟沙汰になった場合には、とにかく契約書に書いてあることが優先されます。そして、実際には契約書と違う内容の合意があったとか、契約書を読んでいなかったという言い訳はほとんどの場合通用しません。本人が「形だけの契約書」と考えていたとしても、契約書に署名押印してしまった以上は、その「形だけの契約書」の内容が優先されてしまいます。それにもかかわらず、実際には「形だけの

契約書」を作成するリスクの大きさを認識していない場合が多いのです。「形だけの契約書」を締結するくらいであれば、契約書がないほうがましな場合も多いのです。

⑷　契約書を作成する時間的な余裕がない

さらに、「契約書を作成したほうがよいことはわかるけれど、細かい取引もあるし、すべての契約に契約書を作成しているとビジネスのスピードが落ちてしまう」といった答えが返ってくることがあります。言いたいことはわかるのですが、ただ、それでも、重要な取引や一定額を超える規模の取引などについては、やはり契約書があったほうが望ましいのは間違いありません。このあたりは、会社の規模や取引の規模によってさまざまだと思いますが、少しでも安全に、安心して取引したいと考える場合は、面倒でも契約書を作成するようにしてください。実

[図1－1－1]　今後もトラブルや紛争は起きない？

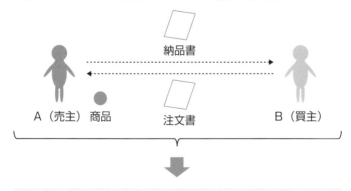

際に契約書の作成業務に取り組んでみればわかると思いますが、想像するほどは時間も手間もかかりません。わずかな手間を惜しんで、トラブルや紛争の種を放置するよりは、わずかな手間をかけてでも、トラブルや紛争の種をなくしておくほうが、合理的だと思います。

2.

契約書を作成する目的

(1) 契約書を作成する2つの目的

　契約に関する意識が低い方がいる原因の1つに、そもそも契約書をつくる目的を正しくとらえられていないことがあげられます。契約書を作成する目的はさまざまです。たとえば、保証契約の締結には書面の作成が義務づけられていたり（民法446条2項・3項）、建設工事請負契約の当事者には契約書の作成が義務づけられていたり（建設業法19条1項）、法律で書面での契約締結が義務づけられている例があります。このような類型の契約は、法令遵守の観点から契約書がつくられる場面ですが、このような場合も含めて、契約書を作成する目的は、「紛争の予防」と「紛争の解決」の2つです。

【民法（抜粋）】

（保証人の責任等）

第446条　保証人は、主たる債務者がその債務を履行しないときに、その履行をする責任を負う。

　　2　保証契約は、書面でしなければ、その効力を生じない。

　　3　保証契約がその内容を記録した電磁的記録によってされたときは、その保証契約は、書面によってされたものとみなして、前項の規定を適用する。

【建設業法（抜粋）】

（建設工事の請負契約の原則）

第18条　建設工事の請負契約の当事者は、各々の対等な立場における合意に基いて公正な契約を締結し、信義に従つて誠実にこれを履行しなければならない。

（建設工事の請負契約の内容）

第19条　建設工事の請負契約の当事者は、前条の趣旨に従つて、契約の締結に際して次に掲げる事項を書面に記載し、署名又は記名押印をして相互に交付しなければならない。

　　　一～十六　　（略）

　　2　請負契約の当事者は、請負契約の内容で前項に掲げる事項に該当するものを変更するときは、その変更の内容を書面に記載し、署名又は記名押印をして相互に交付しなければならない。

　　3　（略）

(2)　契約書を作成する目的①──紛争の予防

　契約書を作成する目的の１つ目として、当事者間で成立した契約に関するトラブルや紛争が生じることを防ぐということがあげられます。

　契約に関するトラブルは、「そんな約束はしていない」「そんなことは言っていない」とか、「確かにそのような話合いはあったけれど、最終的には条件が変わり、その内容でお互いの間で話がついたはずだ」などといった形で具現化します。そのため、契約書の作成を通じて当事者の合意の内容を明確にすると

ともに、その合意の内容を契約書の中に固定することで、将来のトラブルや紛争を防ぐことができます。

⒜　合意の内容を明確にする

　当事者の間では、さまざまな合意が形成されて契約が締結されます。

　たとえば、商品の売買契約であれば、売主から買主に対して、いつ、いくらで、どの商品を、どれだけ売却して、いつ、どこで、どのように買主に引き渡すのかとか、もしその約束が守られなかった場合に、どうするのかといったことを逐一決めていくことになります。売主も買主もそれぞれ希望があるはずです。売主は自分が希望する条件で売買契約を締結したいでしょうし、買主も自分が希望する条件で売買契約を締結したいはずです。そのため、売主と買主が契約条件の交渉を行います。そして、交渉を行った結果をしっかりと１通の契約書にまとめて、その内容を売主と買主の双方で確認することで、ようやく当事者が合意した内容を明確にすることができます。

　契約の当事者がお互いに契約書に記載されている内容を確認することで、認識のズレや見落としや誤解といったトラブルや紛争の種を排除することが可能になります。

⒝　合意の内容を固定する

　人間の記憶は曖昧でうつろいやすいものです。合意に達した時点では「A」と思っていたものも、時間が経つにつれて「B」に変わってしまっていたり、「A」と合意していたことすら忘れてしまっていたりすることは頻繁にあります。多くの方は、よほど印象的な場合を除いては、一昨日のお昼に何を食べたかということを思い出すことはできないのではないでしょうか。過去の事実を忘れてしまっていたり、過去の事実の記憶が

すり替えられてしまっていたりということは日常茶飯事です。当然、このような記憶の曖昧さは、契約にも影響を及ぼします。当事者が合意した内容を書面に固定することで、その後、記憶の変容やすり替えや食い違いといったトラブルの種を排除することができます。

ⓒ 相手の不知や誤解に付け込んでよい？

契約書の作成や審査に際して、どのようなスタンスで臨むべきかを確認してください。依頼者と話をしていると、「あれ？ この人、勘違いしているな」と思うことがあります。後輩の弁護士と話をしていても、「あれ？ この先生、勘違いしているな」と感じることがあります。何を勘違いしているように感じるかというと、契約書の作成や審査に際しての気持ちのおきどころというか、スタンスのとり方についてです。

契約書の作成や審査には手間も時間もかかります。そのような手間や時間をかけてでも適切な契約書を作成しようと努めるのは、無駄な紛争の発生を予防し、何か予期しない事態が生じたとしても、大きな負担を余儀なくされるということになる前に、紛争を早期にかつ適切に解決できるようにするためです。それにもかかわらず、実際には「相手を出し抜いてやろう」「相手の不知を利用してやろう」「契約上の立場の優位性を利用して相手に不利な条件を押し付けてやろう」「こっそりとこちらに有利な規定にしておいて、相手が気づかなければそれでよい」といったアンフェアなスタンスで対応する方がいます。

しかし、アンフェアなスタンスで対応してしまうと、後によくない事態に陥る可能性が高まります。相手から公序良俗（民法90条）、錯誤（民法95条）や詐欺（民法96条）等を理由として契約の有効性自体が争われる可能性が生じますし、契約の効力

自体が争われなかったとしても、気づいた相手からの信頼を失い、世間に知られたら信用を失いかねません。紛争を予防しようと考えて契約を締結したにもかかわらず、予防どころか、逆に無駄な紛争を誘発することにつながってしまうのであれば、本末転倒です。せっかくの契約書が台無しです。

　契約書の作成や審査を行っていると、少しでも自分に有利な内容にしたいとの誘惑にかられる場合がありますが、そこはぐっと抑えてフェアな姿勢で契約締結実務を行うべきです。具体的には、［図１－２－１］（契約締結に向けたスタンス）にまとめたようにアンフェアなマインドセットではなく、フェアなマインドセットのもとで、契約締結実務を進めるべきです。

［図１－２－１］　契約締結に向けたスタンス

	アンフェアなマインドセット	フェアなマインドセット
1	相手を出し抜こう	可能な限り公平な内容にする
2	相手の不知や誤解を利用しよう	相手の不知や誤解は解消する
3	相手に不利な条件を押し付けよう	互いに納得感のある内容にする

　もっとも、私もこのような綺麗事ばっかり言っていても仕事にはなりません。依頼者から「可能な限り当社に有利な内容にしてほしいのですが、お願いできますか」といった依頼を受けることもありますし、立場上、そのような依頼を無碍にもできないので、できるだけ依頼者の意向に沿った対応をしようと考えます。

　ただ、依頼者にだけ一方的に有利な内容にしてしまうと、相

手の反感を買って信頼を失う場合があるし、それが企業の評判低下につながる可能性があることや、契約自体の効力を争われる可能性があるし、紛争に発展した場合にかえって紛糾する場合があることなどを説明したうえで、対応するようにしています。そうしなければ「先生、有利な内容にしてもらったはずなのに、相手から争われてしまって、おかしいじゃないですか？」というクレームに発展する可能性があるからです。

そのため、フェアに対応することを基本とし、万が一、例外的にアンフェアな対応をせざるを得ない場合であっても、それによって生じうる大きなリスクはしっかりと認識し、理解したうえで対応を進めることが肝要です。

(3) 契約書を作成する目的②──紛争の解決

契約書を作成するもう１つの目的に、トラブルや紛争の種となるイレギュラーな事態が生じた場面を想定して、そのような事態を解決するためのルールを定めておくということがあげられます。

先ほどの売買契約の例でいえば、売主が買主に売買の目的物を引き渡す前に、目的物が消失してしまったらどうするかとか、買主が代金の支払期日に代金を支払わなかったらどうするかとか、売主が買主に引き渡した売買の目的物に契約内容と異なる点があったらどうするかとか、もし、当事者で契約書に取り決めていなかった事態が発生したらどうするかとか、万が一、当事者で紛争が生じたときに、どの裁判所で解決するのかとか、そういった、イレギュラーな事態が生じた場合に、どのように解決するかについてのルールをあらかじめ定めておくことで、万が一、イレギュラーな事態が生じたとしても、当事者間での

解決を容易にし、トラブルや紛争の拡大を防ぐことができます。

[図1－2－2]　契約書を作成する目的

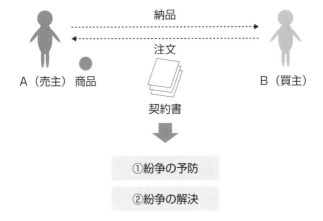

(1) 口約束でも契約は成立する

　日々の相談の中で、相談者から「契約書がないのに契約が成立しているのですか」という質問を受けたり、「口約束しかないので契約はありません」という説明を受けたりすることがあります。私から「契約書がなくても契約は成立しますよ」とか「口約束でも立派な契約です。契約書がなくても、他の資料で口約束があったことを証明できれば、裁判でも契約の成立を立証することはできますよ」といった説明をすると、「そうなのですか」と驚かれます。このようなことはこれまでの経験の中でも一度や二度ではありません。

　契約の締結に書面の作成が義務づけられている保証契約（民法446条2項・3項）や、建設工事請負契約（建設業法19条1項）などの一部の契約類型は別として、ほとんどの場合、口約束でも契約は成立します。口約束も立派な契約です。たとえば、コンビニエンスストアでコーヒーを1缶買うのも契約ですし、書店で本を購入したり、居酒屋でビールを注文してビールを飲んで会計したりするのもすべて契約です。私たちは、日々、インターネットを通じて本を購入したり、CDを購入したり、ホテルを予約したり、航空券を購入したりということをしています。このようにインターネットを通じた情報の送受信でも契約は成

立しています。これらの取引のほとんどには契約書は存在しませんが、日々の生活の中で、私たちは、とにかく来る日も来る日も頻繁に契約をし続けているのです。

(2) 契約が成立するためには

　それでは、どのような条件が揃えば、契約が成立するのでしょうか。契約が成立するためには、当事者の一方からの申込みと、それに対する相手からの承諾が必要だとされています。たとえば、Ａさんが「商品を10万円で売るよ」（＝申込み）と言って、Ｂさんが「商品を10万円で買うよ」（＝承諾）と答えれば、それで売買契約が成立します。Ａさんが「明日返すので10万円貸してください」（＝申込み）と言って、Ｂさんが「10万円貸すよ」（＝承諾）と答えれば、それで金銭消費貸借契約が成立します。基本的には、申込みと承諾があれば、契約書を取り交わさなくても、契約は成立します。

　従前も、これらの内容は確立した法理であると考えられていましたが、民法には明確に規定されていませんでした。そこで、2017年（平成29年）改正民法は民法522条2項を新設する等して、これらの原則を確認しています。

【民法（抜粋）】

（契約の成立と方式）

第522条　契約は、契約の内容を示してその締結を申し入れる意思表示（以下「申込み」という。）に対して相手方が承諾をしたときに成立する。

　　2　契約の成立には、法令に特別の定めがある場合を除き、書面の作成その他の方式を具備することを要しない。

17

(3) 暗黙の了解でも契約は成立するか

　注意しなければならないのは、「承諾」は黙示の承諾でもよいと解される場合があることです。たとえば、Aさんが「商品を10万円で売るよ」（＝申込み）と言った後に、Bさんが何も回答せずに10万円をAさんに支払って、Aさんから商品の引渡しを受けたとします。Bさんの口頭での承諾はありませんが、BさんはAさんの申込みに応じた対応をしています。このような場合にもAさんとBさんとの間には売買契約が成立したとして扱われることになります。また、極端な例ですが、Aさんが「商品をただでもらうよ」（＝申込み）と言って、Bさんの手元にある商品をBさんの面前から持って行ったとします。Bさんは口頭で明確な承諾をしませんでしたが、特に異議を述べなかったとします。この場合、Aさんが商品を持ち去るのを黙認していたBさんの態度が、黙示で承諾したとして、契約の成立が認められてしまう可能性があります。この

[図1-3-1]　契約の成立

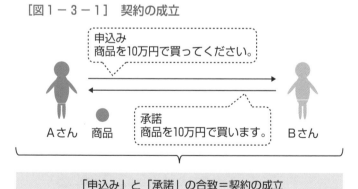

ような例を黙示の承諾といいますが、起こり得ないことではありませんし、実際にはもう少し複雑な事案がほとんどですが、裁判上も契約の成立が争われた際に法廷でもこのような主張・立証が行われることがあります。申込みへの対応には注意が必要です。

4. 口約束の契約を証明できる？

(1) 口約束の契約の場合

　ほとんどの場合、口約束でも契約は成立しますが、口約束で成立した契約の場合には、契約の内容が不明確になってしまったり、契約の成立を証明するための証拠が残らなかったりするという問題があります。契約書を作成すれば、当事者間でどのような契約が成立したかは契約書の内容として形に残るので、契約の内容は解釈の余地は残ってもある程度明確になります。また、契約書を作成すれば、一定の時期に契約書に記載されている内容の契約が成立したことが証拠として残ることになります。

　［図1－4－1］（口約束の契約の場合）をご覧ください。これは、A社がB社に対して商品を販売し、B社がA社に対して代金1000万円を支払う場合の売買契約のイメージ図です。この事例をもとに説明します。

　A社とB社はこれまで口約束で取引を続けてきていました。A社とB社の間では信頼関係を前提としており、これまでも特に契約書を作成していませんでした。B社は、A社から商品を仕入れて、それを代金1200万円で第三者に転売することで利益を上げようと考えていました。ところが、A社が約束の日にB社に商品の納品を行ってくれません。不思議に思った

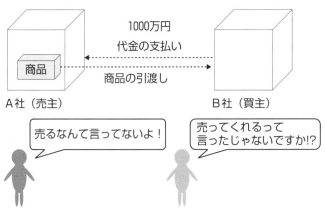

[図1−4−1] 口約束の契約の場合

1000万円
代金の支払い

商品

商品の引渡し

A社（売主）

B社（買主）

売るなんて言ってないよ！

売ってくれるって
言ったじゃないですか!?

B社が、A社に問い合わせたところ、A社は「もう他の会社に売ってしまいました。そもそもB社にこの商品を売る約束はしていませんよ」と回答してきました。慌てたB社がA社に対して、「そんなことはありません。先日、確かに約束したではありませんか」と食い下がったところ、A社は「いやいや、約束はしていません。何か証拠はあるのですか」と開き直ったような態度をしてきます。

　このような場合、B社はどうしたらよいのでしょうか。この場合、A社とB社が締結した契約書が存在していれば、B社は契約書を証拠として、A社に請求したり、A社に対して裁判を起こしたりしてA社とB社との間の契約の成立とその内容を証明することができますが、契約書がない以上、このように当事者の一方が態度を変えて開き直ってしまった場合には、簡単にはことが運ばなくなってしまいます。

(2) 口約束の契約の解釈

　このような事例で、契約書が存在しない以上は、B 社は泣き寝入りをしなければならないのでしょうか。確かに契約書が存在しない以上、A 社と B 社との間で成立した売買契約を直接的に証明する資料は存在しません。ですが、まだ諦める必要はありません。口約束でも契約は成立するわけですから、A 社と B 社との間で商品の売買に関する口約束があったことを、B 社が立証することができれば、A 社の義務違反を証明することができます。

　実際に弁護士が担当する事件でも、すべての事例で契約書が存在するわけではありません。むしろ、契約書が存在しないケースも多いのです。そのような場合に、弁護士は、当事者間の契約の在否と内容をいかに証明するかに腐心することになります。

　たとえば、A 社と B 社の関係、A 社と B 社との間のこれまでの取引の内容や頻度、今回の口約束に至った交渉上のやりとり、今回の口約束に関する郵便物や電子メールやファクシミリや提出資料のやりとり、今回の口約束に関する A 社や B 社の社内記録、今回の口約束がされた打合せの際に同席していた第三者の証言、そのような第三者がいない場合には B 社の担当者の証言、今回の口約束がされた打合せにおける B 社の担当者のメモ、万が一、B 社の担当者が打合せの内容を録音していた場合には録音データなど、A 社と B 社との間で合意が成立していたことを推認させるさまざまな資料を積み上げて、A 社と B 社との間で成立した契約内容を立証する作業が必要になります。

もちろん、A社とB社との間で契約書が存在していれば、これらの主張・立証の手間が大幅に削減されることはいうまでもありません。ただ、どうしても、契約書を作成する時間がなかったり、契約書を作成することが相手との関係で難しかったりするような場合があることも理解できなくはありません。そのような場合には、万が一、相手が口約束を反故にしようとしても、それを防ぐことができるように、成立した契約内容を説明できる資料をしっかりと備えておく工夫が必要です。

[図1－4－2]　口約束による契約を証明するには

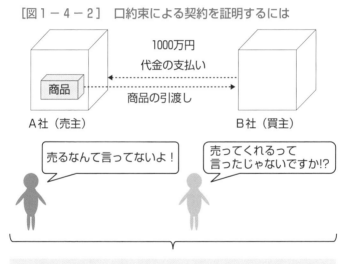

5.

誤解⑤

契約には何でも定めることができる？

(1) 契約自由の原則とは

　契約が成立するためには、一定の契約を除いて必ずしも書面による必要はなく、口約束でも問題はありません。そうすると、どのような内容であっても、当事者が約束さえすれば契約として有効に成立するのでしょうか。この点については「契約自由の原則」というルールがあります。契約自由の原則は、私法上の法律関係については、個人は自分の自由な意思に基づき自由に法律関係を形成することができるというルールです。

　従来、契約自由の原則を明文で定めた法律上の規定はありませんでした。しかし、契約自由の原則は確立した重要な法理として一般的に認められていましたので、2017年（平成29年）改正民法は、民法521条および民法522条2項を新設し、契約自由の原則を明定しました。

【民法（抜粋）】

（契約の締結及び内容の自由）

第521条　何人も、法令に特別の定めがある場合を除き、契約をするかどうかを自由に決定することができる。

　　2　契約の当事者は、法令の制限内において、契約の内容を自由に決定することができる。

契約自由の原則には、①契約締結の自由、②契約内容決定の自由、③契約方式の自由という3つの内容が含まれるといわれています。①契約締結の自由というのは、契約を締結するか否かは、原則として、個人が自分の自由な判断で決めることができるというもので、民法521条1項が定めています。②契約内容決定の自由というのは、どのような内容の契約を締結するかは、原則として、個人が自由な判断で決めることができるというもので、民法521条2項が定めています。③契約方式の自由というのは、どのような形式で契約をするかについては、個人が自由な判断で決めることができるというもので、民法522条2項が定めています。

(2)　契約自由の原則が制限される場合

契約自由の原則を推し進めていくと、当事者が合意しさえすれば、どのような内容の契約でも締結できるように思われるかもしれません。ですが、民法91条も「法律行為の当事者が法令中の公の秩序に関しない規定と異なる意思を表示したときは、その意思に従う」と規定しているように、当事者が合意できるのは、あくまで「公の秩序に関しない規定」です。したがって、契約自由の原則であっても、公の秩序に関する規定によって制限される場合があります。わが国は法治国家ですので、契約自由の原則といっても、公の秩序の維持を目的とした法律によって制約される場合があるということです。

民法521条1項や民法522条2項が「法令に特別の定めがある場合を除き」と規定し、民法521条2項が「法令の制限内において」と規定するのは、このことを示しています。

Ⓐ 契約締結の自由の制限

たとえば、①契約締結の自由については、電気・ガス等の事業者は、申込みを受けたら、供給を拒んではいけないとされていたり（電気事業法18条、ガス事業法16条等）、医師・歯科医師にも応召義務が課せられていたり（医師法19条、歯科医師法19条）するのは、この例です。

Ⓑ 契約内容決定の自由の制限

また、②契約内容決定の自由についても、強行法規や公序良俗（民法90条）に違反する契約を締結することはできないといった制約があります。

たとえば、消費貸借契約を例にとって説明します。Aさんが Bさんに対して100万円を貸し、BさんがAさんに対して1カ月後に100万円プラス利息を返す約束をした場合をイメージしてください。この場合、AさんとBさんが利息の額について話合いを行います。ただ、AさんとBさんは自由に利息の額を決めることができません。なぜなら、利息制限法という法律があるからです。無制約な利息の徴収を認めた場合には、借主をあまりに過酷な状況におくことになり、社会生活上の安定を維持することができなくなってしまいます。そのような社会的な害悪が生じるのを避けて公の秩序を維持するために、利息制限法によって規制が設けられています。

それ以外にも、消費者基本法、食品衛生法、消費生活用製品安全法、不正競争防止法、特定商取引に関する法律、製造物責任法など消費者保護のために契約内容決定の自由の原則を制限している例はたくさんあります。

これらの規定に違反する契約を締結した場合には、契約自体が無効とされたり、取り消されたり、場合によっては罰則を科

せられたりする場合があるので、内容の確認が不可欠です。

【民法（抜粋）】

（公序良俗）

第90条　公の秩序又は善良の風俗に反する事項を目的とする法律
　　　　行為は、無効とする。

【利息制限法（抜粋）】

（利息の制限）

第1条　金銭を目的とする消費貸借における利息の契約は、その
　　　　利息が次の各号に掲げる場合に応じ当該各号に定める利率
　　　　により計算した金額を超えるときは、その超過部分につい
　　　　て、無効とする。

　　一　元本の額が10万円未満の場合　　年2割

　　二　元本の額が10万円以上100万円未満の場合　　年1割8分

　　三　元本の額が100万円以上の場合　　年1割5分

ⓒ　契約方式の自由の制限

　次に、③契約方式の自由についても、たとえば、農地や採草
放牧地の賃貸借については、書面で行わなければならないとさ
れていたり（農地法21条）、保証契約は書面でしなければ効力が
生じないとされていたりする（民法446条2項）等の制約があり
ます。保証契約について、従来は口頭で「保証します」と言う
だけでも、保証契約が有効に成立し、約束した人は保証人とし
ての責任を負わされていましたが、2004年（平成16年）の民法
改正の際に、現在の内容に改正されました。そのため、2005年
（平成17年）4月1日以降の保証契約については、書面で契約
をしなかった場合には、口頭で約束したとしても保証は無効と

されてしまいます。保証人に課せられた重い責任に鑑み、保証人の保証意思が外部から見ても明らかになっている場合に限って、保証人の責任を認めることになったのです。

【農地法（抜粋)】

（契約の文書化）

第21条　農地又は採草放牧地の賃貸借契約については、当事者は、書面によりその存続期間、借賃等の額及び支払条件その他その契約並びにこれに付随する契約の内容を明らかにしなければならない。

【民法（抜粋)】

（保証人の責任等）

第446条　保証人は、主たる債務者がその債務を履行しないときに、その履行をする責任を負う。

　2　保証契約は、書面でしなければ、その効力を生じない。

　3　保証契約がその内容を記録した電磁的記録によってされたときは、その保証契約は、書面によってされたものとみなして、前項の規定を適用する。

---

(3)　契約書の確認作業の重要性

　このように、契約自由の原則に基づいて、契約の当事者が自由に契約したり、しなかったりすることができますし、契約内容も自由に決めることができますが、一定の場合には法律によって制約されています。そのため、特に重要な契約については、弁護士に確認をしたうえで、契約締結を行う必要があります。契約内容は自由だと思って、当事者が話し合って自由に内容を

決めたとしても、後から契約書の効力が認められなかったり、場合によっては法律違反を犯してしまっていたりして、罰則の対象になることもありうるので注意が必要です。

⑷　契約と法律はどちらが優先するか

「契約に定めた内容と法律の内容に矛盾や抵触が生じたときにどちらの内容が優先することになると思いますか」と尋ねると、多くの方が「法律の規定が優先します」と答えますが、誤解です。民法や会社法など私人間の法律関係について規律する法律（このような法律を「私法」といいます）のほとんどの規定は「任意規定」です。任意規定については、「契約自由の原則」のとおり、当事者が法律の規定と矛盾したり、抵触したりする内容を契約に定めた場合には、契約の規定のほうが法律の規定

［図1−5−1］　契約自由の原則

承諾

申込み

A　　　　　　　　　　　　　　B

【原則＝契約自由の原則】
①契約を締結することも契約を締結しないこともできる
②どのような内容の契約であっても締結することができる
③どのような方式でも契約することができる

①〜③ともに法令によって制約される場合がある

よりも優先されることになります。自由主義経済の中では、個人の生活や企業の経済活動が法律に拘束されてしまったのでは、自由闊達な経済活動を保障することができないので、私法の分野では、ほとんどの規定が「任意規定」とされているのです。そのため、当事者が合意で定めた契約内容のほうが法律に優先することになります。

　しかし、法律の中には、契約によっても覆すことができない規定も定められています。それが、上記⑵で説明したように、契約自由の原則が制約を受ける場面です。このように、法令の規定の中で、それに反する当事者間の合意のいかんを問わず適用される規定を「強行規定」といいます。契約の内容が強行規定に矛盾・抵触した場合には、法律の規定に違反した契約の規定の効力が無効とされるので、契約を締結する場合には、確認が必要です。

6.

署名や記名押印は
誰がしてもよい？

⑴ 署名や記名に対する一般的な意識

　企業や事業者の方と日々の業務で接していて感じるのは、「署名や記名に関する意識が低い」ということです。署名や記名は、契約書に記載されている内容を了解して、その内容どおりのことを行うと約束する大切な行為です。それにもかかわらず、弁護士の仕事をしていると「内容をよくみないで署名してしまった」とか「書類の内容を全く読まずに適当に署名してしまった」とか「契約書が分厚かったので、相手の説明だけを鵜呑みにして署名してしまった」といった説明をする方に多く出会います。署名や記名は法律上重要な意味をもつにもかかわらず、署名や記名の違いや、署名や記名がもつ意味を理解せずに日常生活を過ごしたり、取引行為を行ったりしている方も多いのではないでしょうか。

　そこで、まずは、署名と記名の違いや、署名や記名がもつ意味について説明します。

⑵ 署名とは

　署名とは文書に自分の氏名を直筆で記載することをいいます。[図1－6－1]（署名の例）をご覧ください。クレジットカードで支払いをするような場合には署名（サイン）で済ませます

が、これが署名です。そして、この署名の後に印鑑を押すことを署名押印といいます。［図１－６－２］（署名押印の例）をご覧ください。欧米では署名（サイン）が重視されています。契約書もサインで済ませますし、小切手もサインで発行できます。なかには、署名をしてしまっても、印鑑を押していなければ、責任が生じないと考えている人もいますが、誤解です。署名と署名押印は同等の効力が認められています。

［図１－６－１］　署名の例

> 甲　北海道札幌市中央区大通西11丁目４－22
> 　　第２大通藤井ビル８階
>
> 　　奥山倫行

［図１－６－２］　署名押印の例

> 甲　北海道札幌市中央区大通西11丁目４－22
> 　　第２大通藤井ビル８階
>
> 　　奥山倫行 ㊞

筆跡は、人によって微妙に違います。仮に、誰かの筆跡に似せて書いたとしても、筆順（文字を書く際の順序）、字画構成（個々の文字ごとに字画線の交わる位置や角度）、字画形態（個々の文字における、画線の長辺、湾曲度、直線性や断続の状態、点画の形態などにみられる筆跡の特徴）、筆勢（文字を書く場合の勢い、速さ、力加減、滑らかさなど）、筆圧（文字を書く筆記具で記載面に対して加えられた圧力）などに必ず微妙な癖が出ます。署名

は、このように個性が現れるものなので、本人が作成した文書であることを最も確実に証明するための証拠になります。裁判所も「伝統的筆跡鑑定方法は、多分に鑑定人の経験と感に頼るところがあり、ことの性質上、その証明力には自ら限界があるとしても、そのことから直ちに、この鑑定方法が非科学的で、不合理であるということはできないのであって、筆跡鑑定におけるこれまでの経験の集積と、その経験によって裏付けられた判断は、鑑定人の単なる主観にすぎないもの、といえないことはもちろんである。したがつて、事実審裁判所の自由心証によって、これを罪証に供すると否とは、その専権に属することがらであるといわなければならない」（最高裁判所昭和41年２月21日判決／判例時報450号60頁）として、筆跡鑑定の証拠力を認めています。このように、契約書に印鑑を押していなくても、当事者の署名があれば、合意を証する書面としては有効なものと考えられています。

⑶　記名とは

　記名というのは、自分の氏名を署名以外の方法で記載することをいいます。［図１－６－３］（記名の例）をご覧ください。たとえば、ワープロソフトで作成する契約書のドラフトの署名欄に氏名を入力したり、ゴム印を押して完成させたりする場合は、「署名」ではなくて「記名」ということになります。そして、この記名の後に印鑑を押すことを記名押印といいます。［図１－６－４］（記名押印の例）をご覧ください。

［図１－６－３］　記名の例

> 甲　北海道札幌市中央区大通西11丁目４－22
> 　　第２大通藤井ビル８階
> 　　　　　奥　山　倫　行

［図１－６－４］　記名押印の例

> 甲　北海道札幌市中央区大通西11丁目４－22
> 　　第２大通藤井ビル８階
> 　　　　　奥　山　倫　行　㊞

⑷　個人の署名における注意点

ⓐ　成人の場合

　［図１－６－５］（個人の署名）をご覧ください。契約書の前文で「甲」という略語を用いた場合には署名欄の「甲」の欄に住所と氏名を記載して、押印します。必ずしも住所を記載する必要はありませんが、世の中には同姓同名の人もいたりしますので、署名者本人を特定するために住所を記載します。また、住所が記載されていることで、連絡先を明示しておき、何かあった際に容易に連絡をとれるようにしておくといった意味合いもあります。

［図1−6−5］　個人の署名

> 甲　北海道札幌市中央区大通西11丁目4−22
> 　　第2大通藤井ビル8階
> 　　　　　奥山倫行　㊞

Ⓑ　肩書を記載する場合

　［図1−6−6］（肩書の記載）をご覧ください。これはよくない署名の例です。個人の氏名の前に肩書を記載してしまうと、署名者が所属している団体として署名したのか、個人として署名したのかが不明瞭になってしまいます。そのため、署名者が個人として署名する場合には、よけいな肩書を記載しないでください。

［図1−6−6］　肩書の記載

> 甲　北海道札幌市中央区大通西11丁目4−22
> 　　第2大通藤井ビル8階
> 　　理事　　奥山倫行　㊞

Ⓒ　ペンネーム・芸名・通称を使用する場合

　［図1−6−7］（ペンネーム等の場合）をご覧ください。個人の場合にはペンネームや芸名や通称を使用している人もいます。そのような人と契約する場合には、戸籍に記載されている正式な本名で署名してもらう必要があります。ペンネームや芸名や通称でも一応有効に契約は成立しますが、今後も同じペンネームや芸名や通称を使用し続けるとは限りませんので、正式

名称を用いるべきと考えてください。そして、何より個人の不動産や自動車や船舶や生命保険などの財産は戸籍上の氏名で登録されているはずです。万が一、相手方に契約義務違反があり、相手の財産を差し押さえる段階において、財産の登録名義人となっている戸籍上の氏名と契約書上の名義に不一致があった場合に、強制執行手続を行う際に無駄な苦労を要することになります（場合によっては裁判所の判断により強制執行が認められない場合も生じ得ます）。そして、どうしてもペンネームや芸名や通称を使用したい場合には、［図１－６－７］（ペンネーム等の場合）のように、「○○（ペンネーム）こと○○（本名）」といった記載で署名してもらうようにしてください。

［図１－６－７］　ペンネーム等の場合

甲　北海道札幌市中央区大通西11丁目４－22
　　第２大通藤井ビル８階
　　ALOこと　奥山倫行　㊞

Ⓓ　個人商店や個人事業主の屋号の場合

　契約の当事者が個人事業主の場合には注意が必要です。たとえば、「ゴールデン商店」という名称で継続的に取引関係にある相手で、ゴールデン商店が株式会社などの法人格を有していないような場合です。そのような場合には、契約の当事者はあくまで「ゴールデン商店」を営んでいる個人ということになるので、［図１－６－８］（屋号の場合）のように署名押印することになります。くれぐれも個人事業主当人から署名押印をもらい忘れないようにしてください。

[図1－6－8] 屋号の場合

> 甲　北海道札幌市中央区大通西11丁目4－22
> 　　第2大通藤井ビル8階
> 　　ゴールデン商店こと　奥山倫行　㊞

Ⓔ　代理人の場合

　代理人が本人に代わって署名押印する場合には、注意が必要です。署名欄の記載は［図1－6－9］（代理人の署名）のように記載します。代理人の名義だけではなく、必ず本人の記名または署名が必要です。代理人の名義だけで契約書に署名または記名押印してしまった場合、契約の効力が代理人にのみ及んでしまい、肝心の本人に契約の効力が及ばなくなってしまう可能性があるからです。

　また、代理人が本人から契約締結の権限の授権を受けていることを明らかにするために、委任状の原本または写しを契約書に添付したり、もしくは契約書と一緒に写しの提出を受けて保管したりしておくことも大切です。

　なお、代理人が直接本人の氏名と住所を記載して本人の印鑑を押印する「署名の代行」という方法があります。しかし、たとえば、本人が死亡して本人に相続が発生した場合に、相続人から「これは被相続人が署名したものではない」などと言われ、後日、紛争に発展する可能性があるので、「署名の代行」といった方法は避けるべきです。

[図1−6−9]　代理人の署名

> 甲　　大志一郎
> 　　　北海道札幌市中央区大通西11丁目4−22
> 　　　第2大通藤井ビル8階
> 　　　　甲　代理人　　奥山倫行　㊞

(F)　未成年者の場合

　未成年者の場合にも注意が必要です。未成年者も法律上、成年被後見人や被保佐人と同様に、制限行為能力者とされています（民法20条）。そして、未成年者の財産行為には原則として法定代理人（原則として親）の同意を要するとされています（民法5条1項本文）。そして、未成年者が法定代理人の同意なく行った財産行為は後に取り消される可能性があります（民法5条2項）。

　そのため、未成年者が契約を締結する場合は、[図1−6−10]（未成年者の署名①）のように、法定代理人が未成年者を代理して契約するか、[図1−6−11]（未成年者の署名②）のように、未成年者自身が契約しつつ法定代理人が同意する形式をとる必要があります。

　なお、未成年者に父母がいる場合、父母は共同して代理人になります（民法818条3項）。そのため、父母がそれぞれ署名または記名押印する必要があります。

[図1−6−10]　未成年者の署名①

甲　　北海道札幌市中央区大通西11丁目4−22
　　　第2大通藤井ビル8階
　　　　　　　大志 三郎
　　　同住所
　　　　上記法定代理人
　　　　　親権者　父　　大志 一郎　㊞
　　　　　親権者　母　　大志 二子　㊞

[図1−6−11]　未成年者の署名②

甲　　北海道札幌市中央区大通西11丁目4−22
　　　第2大通藤井ビル8階
　　　　　　　大志 三郎　㊞
　　　同住所
　　　同意者　上記法定代理人
　　　　　親権者　父　　大志 一郎　㊞
　　　　　親権者　母　　大志 二子　㊞

Ｇ　高齢者で認知症の疑いがある場合

　従来、意思能力を有しない者がした法律行為は無効であると解されていましたが、民法に明文の規定はありませんでした。そこで、2017年（平成29年）改正民法は、民法3条の2を新設して「法律行為の当事者が意思表示をした時に意思能力を有しなかったときは、その法律行為は、無効とする」と規定し、明確にしました。

　意思能力は、行為の結果を判断するに足るだけの精神能力のことをいいますが、高齢者で認知症が疑われる相手と契約する

場合には、契約締結の場面、特に署名押印の際に契約書に記載されている内容を理解して契約しているか、または世間話をしながら意思能力に不安はないかなどを慎重に確認しながら対応を進める必要があります。

(ロ) 成年被後見人・被保佐人・被補助人の場合

　成年被後見人は、精神上の障害により、事理を弁識する能力を欠く常況にある者（＝行為の結果を弁識するに足るだけの精神能力を欠くのが普通の状態の者）として、後見開始の審判を受けた者のことをいいます（民法7条・8条）。成年被後見人には成年後見人が付され（民法8条）、成年後見人は成年被後見人の財産に関する法律行為につき成年被後見人の法定代理人としての地位を有することになります（民法859条1項）。そして、成年被後見人は制限行為能力者として（民法20条）、成年被後見人が成年後見人の代理によらず単独で行った法律行為（日用品の購入その他日常生活に関する行為は除かれます）は取り消すことができるとされています（民法9条本文）。

　被保佐人とは、精神上の障害により事理を弁識する能力が著しく不十分である者として、保佐開始の審判を受けた者のことをいいます（民法11条・12条）。被保佐人には保佐人が選任されますが、保佐人は成年後見人と異なり、原則として法定代理人としての地位を有していません。ただし、被保佐人の同意がある場合は、家庭裁判所の審判により、保佐人に対し特定の法律行為について代理権を付与することができ、その場合には代理権の範囲が特定された法定代理人になるとされ（民法876条の4）、被保佐人が民法13条1項に列挙の行為や家庭裁判所により追加された行為をする場合には、保佐人の同意が要求され、同意を得ることなくこれらの法律行為をした場合には、そのよ

うな法律行為を取り消すことができるとされています。

　被補助人とは、精神上の障害により判断能力が「不十分な」者のうち、成年後見や保佐の程度に至らない軽度の状態にある者をいいます（民法15条１項本文）。補助人の権能は補助開始の審判を基礎としてなされる同意権付与の審判や代理権付与の審判の組合せによって内容が決まります。したがって、被補助人に同意権付与の審判と代理権付与の審判の双方がなされている場合にはその補助人には同意権・取消権・代理権が認められ、同意権付与の審判のみの場合には同意権・取消権のみが、代理権付与の審判のみの場合には代理権のみが認められることになります。

　以上のとおり、相手が成年被後見人・被保佐人・被補助人の場合には、相手は単独で意思表示ができなかったり、相手が単独で行った意思表示が後から取り消されたりすることが想定されます。そのため、契約の当事者の一方が、成年被後見人・被保佐人・被補助人の場合には、それぞれの代理権・同意権の範囲において、未成年者の場合と同様に署名押印を行いうるのが誰か、またそれが契約書上、正しく表記されているかを慎重に確認する必要があります。

⑴　外国人の場合

　外国人の場合であっても、契約書の署名については日本人と同様です。本人確認の方法としては、旅券（パスポート）や特別永住者証明書・在留カードによって、確認します。また、住民基本台帳法に基づく住民票登録をしている場合には印鑑登録を行っていて、印鑑登録証明書を提出してもらえる場合もあります。印鑑登録をしておらず、印鑑も持っていない場合もありますが、そのような場合には在日公館の発行による署名証明書

（サイン証明書）を提出してもらって、サインの同一性を確認したり、契約締結後の権利変更や名義変更等に使用したりする場合があります。

(5)　法人の署名における注意点

(A)　法人の場合

　会社と契約する場合には、会社の代表機関と契約を締結する必要があります。もし代表機関と契約を締結しなければ、それは会社の行為としては認められなくなってしまうからです。株式会社の場合には代表取締役が代表機関になります。たとえば、「社長」の場合、代表取締役であることがほとんどだと思いますが、「会長」「副社長」「専務」「常務」などの場合には代表権が付与されていないことも少なくありません。代表権を有する人物が誰かは、現在事項証明書等の資格証明書で確認することができます。また、以前は代表権を有していたとしても、契約締結時に代表権を有していない場合もあります。そのような場合に備えるために、特に大規模な取引に関する契約を締結する場合には、必ず最新の現在事項証明書等の資格証明書を取得して、代表権を有する人物が誰かを確認してください。

　会社が契約を締結する場合の正しい署名方法は、［図１－６－12］（株式会社の代表者の場合）をご覧ください。会社の代表機関として署名する場合の契約書の署名欄には、①会社の商号、②代表資格、③代表取締役の氏名を記載することが不可欠です。たとえば、①会社の商号がなくて、②代表資格と③代表取締役の氏名だけが記載されていて代表印が押してあったとしても、会社としての契約か代表取締役個人の契約かが判然としませんし、署名欄だけをみたら代表取締役個人の契約と解釈されてし

まうことも予想されます。また、①会社の商号だけが記載されており、②代表資格、③代表取締役の氏名の記載がない場合には、はたして代表権のある者が契約を締結したかどうかが判然としませんので、後に契約の有効性が争われる可能性があります。無用なトラブルや紛争を避けるためにも、契約書の署名欄に、必ず、①会社の商号、②代表資格、③代表取締役の氏名が正しく記載されているかをご確認ください。

[図1－6－12]　株式会社の代表者の場合

甲　　北海道札幌市中央区大通西11丁目4－22
　　　第2大通藤井ビル8階
　　　株式会社アンビシャス
　　　　代表取締役　　大　志　一　郎　㊞

Ⓑ　支店長の場合

　会社法13条本文は「会社の本店又は支店の事業の主任者であることを示す名称を付した使用人は、当該本店又は支店の事業に関し、一切の裁判外の行為をする権限を有するものとみなす」と規定しているので、支店長が支店としての契約であることを明示して、支店長等の肩書を記載して署名した契約書は有効なものとして取り扱われます。また、「みなす」というのは有効なものとして扱うという意味です。したがって、会社の内規で、支店長が契約を締結できる範囲を1億円までの取引と制限していたとしても、相手が知らない限りは、相手にその内部的な制限を対抗することはできません（会社法13条ただし書）。支店長が契約書に記名押印する場合の例は　[図1－6－13]

（株式会社の支店長の場合）をご覧ください。

【会社法（抜粋）】

（表見支配人）

第13条　会社の本店又は支店の事業の主任者であることを示す名
　　　　称を付した使用人は、当該本店又は支店の事業に関し、一
　　　　切の裁判外の行為をする権限を有するものとみなす。ただ
　　　　し、相手方が悪意であったときは、この限りでない。

[図1－6－13]　株式会社の支店長の場合

甲　　北海道札幌市中央区大通西11丁目4－22
　　　第2大通藤井ビル8階
　　　株式会社アンビシャス　札幌支店
　　　　　　支店長　　大　志　一　郎　㊞

Ⓒ　営業部長

　営業部長の肩書で契約を締結した場合、営業部長についても
支店長と同様に「会社の本店又は支店の事業の主任者であるこ
とを示す名称を付した使用人」（会社法13条）に該当します。そ
のため、営業部長はその会社の営業について全般的な代理権を
有するものとみなされるので、営業部長の肩書で締結した契約
も有効で、契約の効果は会社に帰属することになります。

甲　　北海道札幌市中央区大通西11丁目 4 －22
　　　第 2 大通藤井ビル 8 階
　　　株式会社アンビシャス
　　　　営業部長　　大 志 一 郎　㊞

Ⓓ　資材課長や資材係長の場合

　資材課長や資材係長の場合、会社法14条 1 項は「事業に関するある種類又は特定の事項の委任を受けた使用人は、当該事項に関する一切の裁判外の行為をする権限を有する」と規定しており、資材課長や資材係長は「ある種類又は特定の事項の委任を受けた使用人」に該当すると考えられます。そのため、資材課長や資材係長の肩書で締結した契約も有効で、契約の効果は会社に帰属することになります。

【会社法（抜粋）】
（ある種類又は特定の事項の委任を受けた使用人）
第14条　事業に関するある種類又は特定の事項の委任を受けた使
　　　　用人は、当該事項に関する一切の裁判外の行為をする権限
　　　　を有する。
　　 2 　前項に規定する使用人の代理権に加えた制限は、善意の
　　　　第三者に対抗することができない。

[図1－6－15]　株式会社の資材課長の場合

> 甲　　北海道札幌市中央区大通西11丁目4－22
> 　　　第2大通藤井ビル8階
> 　　　株式会社アンビシャス
> 　　　　資材課長　　大　志　一　郎　㊞

⒠　株式会社以外の法人の場合

　法律上、権利義務の帰属主体とされているのは、自然人と法人です。自然人は出生と同時に権利義務の帰属主体となりますし（民法3条1項）、法人は法令の規定に従い、定款その他の基本約款で定められた目的の範囲内において、権利を有し、義務を負うとされています（民法34条）。法人格を有しなくても、集団で活動する団体があります。たとえば、マンションの管理組合だったり、町内会やPTAだったりです。これらの団体が契約を締結する場合に誰と契約を締結すべきかを確認する必要があります。

　また、法人の場合には、自然人のように身体があるわけではないので、代表機関として定められた自然人が法人のために行った行為が法人の行為とみなされることになります。

　そして、法人には株式会社以外にも、合名会社、合資会社、合同会社などさまざまな形態が存在しているので、契約を締結するためには「定められた自然人」が誰かをしっかりと確認したうえで契約を締結する必要があります。

　株式会社以外の法人や団体の場合に、誰と契約を締結すべきかについては、［図1－6－16］（代表機関）にまとめましたので、そちらをご確認ください。また、判断が難しいときには、

独断で判断することなく、弁護士等、法律の専門家のアドバイスのもとで契約を締結するようにしてください。

[図1－6－16] 代表機関

	法人名	代表機関
1	株式会社	取締役、ただし代表取締役または代表執行役がいる場合には代表取締役または代表執行役
2	合名会社 合資会社 合同会社	社員、ただし代表社員がいる場合には代表社員
3	一般社団法人 一般財団法人 公益社団法人 公益財団法人	理事、ただし代表理事がいる場合には代表理事
4	特定非営利活動法人 （NPO法人）	理事、ただし代表理事がいる場合には代表理事
5	医療法人	理事長
6	学校法人	理事長
7	社会福祉法人	理事
8	農業協同組合	代表理事（職名としては組合長が用いられることもある）
9	漁業協同組合	代表理事（職名としては組合長が用いられることもある）

7.

印の種類と効力は？

(1) 印を押す意味

　契約書の署名や記名の後に契約当事者双方の印鑑が押してあれば、当事者間で最終的な合意に達成した内容が明らかになります。ただ、たとえば、Aさんが契約書に署名押印をしているにもかかわらず、Bさんが署名しかしておらず、印鑑を押していないような場合には、その契約が有効に成立したか否かに疑念をもたれる可能性があります。法律的には、署名さえしてあれば、全く問題なく契約は成立することになりますが、日本は印鑑社会なので、このような形態の契約書であれば、最終的に裁判になってどのように判断されるかはともかくとして、Bさんから「自分は最終的に合意したら印鑑を押そうと思っていた。この契約書はドラフトにすぎない。だから、この契約書は有効ではない」などといった主張がされる可能性は否定できません。裁判上も押印がない書面は証拠力が弱いと扱われる可能性もあるので、署名であっても、記名押印と同様に、押印しておくほうが当事者双方にとって安全です。なお、遺言の作成にあたっては、自筆証書遺言の場合は遺言者の、秘密証書遺言と公正証書遺言の場合は遺言者、証人と公証人のそれぞれの署名と捺印が必要であるとされている等（民法968条・969条・970条）、法律で署名と捺印の2つが必要とされている文書があるので、これらの文書を作成する際には注意が必要です。

⑵　印に関する用語

　契約書を作成するにあたり、印に関するさまざまな言葉を正しく理解する必要がありますので、下記では、印に関する用語を説明します。

　Ⓐ　印章・印影・印鑑

　印章は、木材、石材、竹、動物の角、象牙、金属、合成樹脂などに特定の文字を刻み込んだものです。「判子（ハンコ）」ともいわれます。

　印影は、印章によって紙などに押されて顕出した印章の跡のことをいいます。

　印鑑は印章と同じ意味で使われることもありますが、市区町村役場や銀行などにあらかじめ届け出た印章など、何らかの登録を受けた印章のことを印鑑といいます。

　Ⓑ　実印（じついん）・認印（みとめいん）

　実印とは、個人の場合には市区町村長に、法人の場合には法務局に、あらかじめ届出を行っておき、印鑑登録証明書の交付を受けることができる印のことをいいます。実印を活用することで、官公署の発行する印鑑登録証明書によって、印影が当該個人または法人の印章と同一であることを証明できます。

　これに対して、認印は、実印以外の印鑑のことをいいます。認印は1人で何個でも保有できます。

　実印と認印の違いは、実印は印鑑登録証明書を取得できるので、比較的簡単に本人が押印した文書であることを証明できるという点にあります。ただ、認印であっても他の方法で本人が押印した文書であることが証明できれば、実印との効力に差異はありません。認印であっても実印と同様に大切に保管するこ

とが必要です。

Ⓒ 訂正印

訂正印は、契約書の字句を修正する際に、訂正する権限がある者が訂正したことを明らかにするために押印するものです。訂正は、訂正箇所に、元の文字が見えるような形で二重線を引いて行います。そして、その横に正しい字句を記入し、欄外に「削除○文字」「加入○文字」「訂正○文字」と記載しておきます。訂正印は、欄外の加除訂正の記載の傍に押す場合と、訂正箇所に押す場合がありますが、訂正箇所に押すほうが望ましいと思います。欄外だと訂正箇所との関連性が不明確になる場合があるからです。

Ⓓ 捨印（すていん）

捨印は、将来、契約書の字句を修正する場合に備えて、あらかじめ文書の欄外に押印することをいいます。後になって訂正箇所が生じた場合に、あらためて当事者双方に訂正印をもらうのでは煩雑になるため、あらかじめ権限ある当事者に捨印を押してもらっておきます。しかし、契約当事者にとっては、捨印が押してあることによって、いつでも契約書の字句が修正されてしまう可能性があるので、注意が必要です。基本的に捨印は押さないようにしたほうがよいと思います。

Ⓔ 割印（わりいん）

割印は、同じ契約書を2通作成したときに、2通の契約書にまたがって1つの印を押印することです。同時に作成された同じ内容の契約書であることを示すために、割印が行われます。割印は契約当事者が署名または記名の際に使用した印で行う必要はありません。

⒡　契印（けいいん）

契印は、契約書の文書が２枚以上にわたる場合に、それが一体の文書であることと、その順序で綴じられていることを明確にするために、各ページにまたがって押印することをいいます。契印を押印することで、ページの落丁や、ページの差替えや、ページの抜取りなどを防ぐことを目的とします。契印は契約当事者が署名または記名の際に使用した印で行う必要はありません。ページを帯で糊づけして冊子にしているような場合には、裏表紙と帯にまたがるように１カ所だけ押印すれば問題ありません。

⒢　止め印

止め印は、文書の末尾に余白が生じたときに、文書の最後尾に押印することをいいます。止め印によって、余白部に勝手な記入がされることを防ぎます。止め印の代わりに「以下余白」といった記載を行うこともあります。

⒣　消　印

消印は、印紙と台紙にまたがって押印することをいいます。印紙税法上も収入印紙が再利用されることを防ぐために消印を行わなければならないとされています。必ずしも契約当事者が署名または記名の際に使用した印で行う必要はありません。印がない場合には、印紙と台紙の両方にかかるように署名をするだけの場合もあります。

⒤　封　印

封印は、勝手に封筒が開封されたりすることを禁止するために、封じ目に印鑑を押すことをいいます。

⒥　電子印鑑

いわゆる電子文書法（e−文書法）が2005年（平成17年）４月

から施行されたことによって、商法（およびその関連法令）や税法で保管が義務づけられている文書について、紙文書だけでなく電子化された文書ファイルでの保存が認められるようになりました。そこで活用され始めたのが電子印鑑です。契約書についても、これまでの印刷された文書に印章で押捺するという形ではなく、印刷される前の段階で押印したり、オリジナルの書類をスキャナで取り込んで電子文書に印章を押印したりすることもできるようになり、利用が拡がっています。

⑶　2段の推定とは

契約書に押される印鑑の効力を考えるに際して、説明しておかなければならないことがあります。日本の社会では、印鑑を特に重くみる傾向がありますが、これは日本の裁判においても同様です。それが「2段の推定」とよばれる判例理論です。契約書にかかわる方はぜひ理解しておくべき事柄ですので、少し丁寧に説明します。

Ⓐ　民事訴訟法の規定

契約書などの私文書に関して、民事訴訟法228条4項は、「私文書は、本人が署名又は押印しているときは、真正に成立したものと推定する」と規定しています。契約書に契約当事者の双方が署名または押印していれば、その契約書は真正に作成された文書であり、その文書の内容については契約当事者の意思の合致があると扱われるのです。

【民事訴訟法（抜粋）】

（文書の成立）

第228条4項　私文書は、本人又はその代理人の署名又は押印が

　　　あるときは、真正に成立したものと推定する。

Ⓑ　最高裁判例の考え

　ここで問題になるのは、どのような場合に「本人又は代理人の署名又は押印」といえるかです。署名については、筆跡鑑定などを行うことで確認できますが、押印については、印鑑は誰でも容易に入手することができるので、本当に本人または代理人の意思に基づいて押印されたものかどうかが明らかではないという問題が残ります。

　この点に関しては、古くから多くの裁判で争われてきました。法律上の明確な根拠はありませんが、リーディング・ケースとされる最高裁判例があり、その考え方が実務では踏襲されています。この最高裁判例は「私文書の作成名義人の印影が、その名義人の印影によって押印された事実が確定された場合、反証がない限りその印影は本人の意思に基づいて押印」されたものと推定しています（最高裁判所昭和39年５月12日判決／最高裁判所民事判例集18巻４号597頁）。

　この最高裁判例を前提にすると、契約書に顕出されている印影が本人の印章によって押印されたものである以上は、その印影は本人の意思に基づいて押印されたものであると推定されることになります。そして、本人の印章かどうかは印鑑登録証明書によって立証することになります。

Ⓒ　第１段目の推定（最高裁判例による事実上の推定）

　少しわかりづらいかもしれませんので、もう少し噛み砕いて説明します。［図１－７－１］（第１段目の推定（事実上の推定））をご覧ください。契約書に本人の押印がある場合には、本人の意思による押印であることが事実上推定されます。

[図1−7−1] 第1段目の推定（事実上の推定）

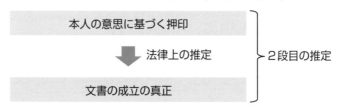

⒟ 第2段目の推定（民事訴訟法による法律上の推定）

　次に、［図1−7−2］（第2段目の推定（法律上の推定））を
ご覧ください。民事訴訟法228条4項は、「私文書は、本人が署
名又は押印しているときは、真正に成立したものと推定する」
と規定しているので、本人の意思に基づく押印があると認めら
れれば、その契約書は真正に成立したものと判断されます。

[図1−7−2] 第2段目の推定（法律上の推定）

⒠ 反　証

　「推定」というのは、反証がない限りそれが事実とされるこ
とです。そのため、2段の推定が認められる場合に、もし反証
がなければ裁判官によって真正に成立した契約書と認定されま
す。これまで裁判例で2段の推定に対する反証が成功した例と
しては、作成名義人のほかに文書の提出者が自由に印章を使え

る立場にあった場合（最高裁判所昭和45年9月8日判決／最高裁判所裁判集民事100号415頁）、作成名義人が第三者に印章を預託した場合（最高裁判所昭和47年10月12日判決／金融法務事情668号38頁）、印章を共用していた場合（最高裁判所昭和50年6月12日判決／最高裁判所裁判集民事115号95頁）などがあります。

(F) まとめ

2段の推定によって、契約書に本人の印鑑の印影が押されていると、それは本人の意思に基づいて押印されたものであるから、文書の成立も真正なものであると判断されることになります。実際に、誰かに印章を預けておいたら無断で契約書に押印されてしまったり、社内で保管していた印章を他人に無断で持ち出されて契約書に押印されてしまったりといったトラブルは後を絶ちません。2段の推定の理論を覆すのは容易ではないので、印鑑の管理には注意してください。

［図1－7－3］　2段の推定

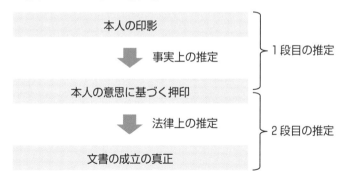

8.

契約書・覚書・合意書・示談書は別のもの？

　トラブルや紛争の相手と、無事に解決に至ったことを示すために、書面を取り交わす場合があります。そのような場合に「どのようなタイトルにするとよいのでしょうか」とか「覚書や合意書など、文書のタイトルで意味合いは変わってきますか」という質問をいただくことがあります。

　結論をいえば、タイトルは「合意書」でも「覚書」でも「示談書」でもかまいません。

　これらの文書を相手と取り交わすための目的は2つあります。1つは、相手との合意事項を明確に記録に残して確認することです。そして、もう1つは、紛争の蒸し返しを防止することで

[図1−8−1]　書面のタイトル

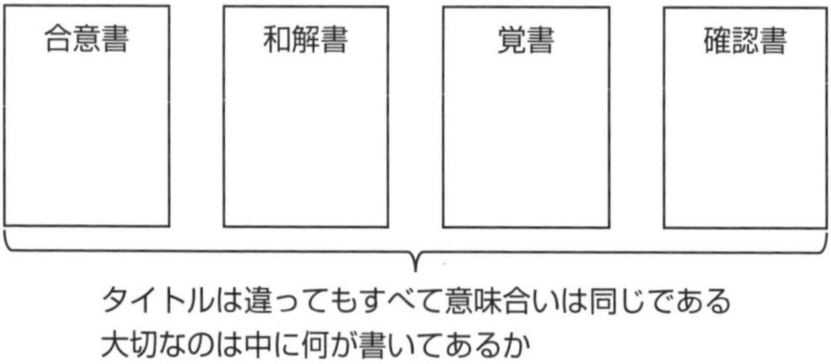

合意書	和解書	覚書	確認書

タイトルは違ってもすべて意味合いは同じである
大切なのは中に何が書いてあるか

す。

　したがって、そのような内容がきちんと記載されていれば、文書のタイトルは「合意書」でも「覚書」でも「示談書」でも問題はありません。記載されている内容が重要です。

9.

誤解⑨

当事者の双方が調印しない契約書も有効？

　よく目にする契約書の形式は、[図1－9－1]（連署式）のように、2当事者や3当事者が署名押印する「連署式」のものではないでしょうか。2当事者間の契約でお互いが義務を負うような形式の場合には連書式が適しています。たとえば、売買契約のように、売主は商品を引き渡す義務を負い、買主は代金を支払う義務を負うような場合です。

　これに対して、2当事者間の契約であっても、一方だけが義務を負い、他方は権利だけを有するような契約の場合には、2当事者が署名押印する必要はありません。この場合には、義務を負う当事者が、権利だけを有する当事者に対して、義務を負担する旨の書面を差し入れることで足ります。たとえば、借用証書や秘密保持誓約書などがよく目にする例ではないでしょうか。[図1－9－2]（差入式）をご覧ください。このように当事者双方が調印せずに、一方の当事者だけが調印する形式の契約書であっても、有効です。

[図1−9−1] 連署式

合意書

甲：住所 ○ ○ ○ ○
　　氏名 ○ ○ ○ ○ 印

乙：住所 ○ ○ ○ ○
　　氏名 ○ ○ ○ ○ 印

[図1−9−2] 差入式

○ ○ ○ ○ 殿

誓約書

住所 ○ ○ ○ ○
氏名 ○ ○ ○ ○ 印

10. 誤解⑩ 市販の契約書の書式で十分？

(1) 市販の契約書の問題点

契約書に関して、相談者に、「契約書はどのようなものを使用されていますか」と質問すると、「本屋さんで契約書の本を買ってきて、それをそのまま使っています」とか「定型の契約書なので、相手から提出された契約書のひな型を、少し手を加えて使っています」とか「元請から提示された契約書を、当社と下請との間の契約書として修正して使っています」とか「インターネットで検索して書式を入手して、それを適当に修正して使っています」といった答えが返ってくることがあります。

(A) 1つの取引事例が基になっているにすぎない

市販の契約書や、インターネットを通じて入手した契約書のもとになっている書式は1つの取引の事例が基になっているにすぎません。これらの契約書の多くは、標準的な内容の条項を最大公約数的に並べたにすぎないものがほとんどです。しかし、実際の取引の中では、前提となる状況が異なれば、発生するリスクも異なります。そのため、市販の契約書やインターネットで入手できる契約書では、そのようなリスクを十分にとらえられていない場合があります。

(B) 当事者双方にとって公平な内容ではない

また、契約は立場によって確保すべき権利、手当てをしてお

くべきリスクに違いがあります。たとえば、売買契約書であれば、売主の立場に立つか、買主の立場に立つかで、検討すべき条項も大きく変わってきます。売買契約だけではなく、賃貸借契約でも、請負契約でも、そのほかの契約でも同じことがいえます。ところが、市販の契約書や、インターネットで入手できる契約書はこの点を意識してつくられていないことがほとんどです。

Ⓒ　法律との齟齬がある可能性がある

　日本には4000近くの法令が存在するといわれています。そして、それらの法律は頻繁に改正されますし、続々と新たな法律も制定されています。市販の契約書や、インターネットを通じて入手できる契約書は、作成された時期によっては、法律の改正や制定に対応できていない場合があります。

　また、法的な検討が十分にされていない条項が入っている可能性があります。私も、相談者が持参した市販の契約書を目にすることがありますが、「よくもまあ、こんな無責任な内容の契約書を売っているな……」と感じざるを得ないものも混在しますので、注意してください。

Ⓓ　特記事項を記載した場合に一貫性を欠くことがある

　市販の契約書を用いて、市販の契約書に特記事項を記載して対応しようとする場合があります。しかし、市販の契約書をベースとして、特記事項を記載した場合に、他の条項との齟齬が生じている可能性があります。余白に勝手に記載すると一貫性を欠いてしまったり、相互に矛盾が生じたりしてしまう場合があるので注意してください。

⑵　市販の契約書を使う場合にも法律家の確認を

　そのため、市販の契約書や、インターネットを通じて入手した契約書を用いる場合にも、一度、弁護士などの法律家に相談して、契約書が実際の取引の実情に合致しているかを専門家の目で確認してもらったうえで、活用するようにしてください。契約書の作成を一から弁護士に依頼すると、ある程度の弁護士費用がかかりますが、法律相談の機会に相談すれば、それほど費用をかけることなく、大きなリスクを排除することが可能です。

［図1−10−1］　市販の契約書の問題点

市販の契約書

①1つの取引事例が基になっているにすぎない
②当事者双方にとって公平な内容ではない
③法律との齟齬がある可能性がある
④特記事項を記載した場合には一貫性を欠く場合がある　etc

専門家の確認を！

11.

印紙を貼付していない契約書は無効？

(1) 印紙を貼る意味

　契約締結の際によく受ける質問の１つに契約書に貼付する印紙に関する質問があります。契約書に印紙を貼らなければならないことは、多くの方が認識していると思いますが、その内容は正確に知られていないのではないでしょうか。日本には印紙税という制度があります。印紙税は17世紀にオランダで戦費調達のために考案されたとされ、日本でも明治時代に導入されたといわれています。印紙税の詳しい取決めは印紙税法という法律に定められています。印紙税法では、課税される20種類の課税文書を定めて、200円から60万円の範囲で印紙税を課税するしくみになっています。

(2) 印紙の内容

Ⓐ　課税の対象

　印紙税の課税文書とはどのような文書をいうのでしょうか。印紙税が課税される課税文書の詳細については、印紙税法別表第１（[図１−11−１]（印紙税額一覧表）参照）に規定されています。主な課税文書としては、不動産などの譲渡契約書、土地の賃借権の設定または譲渡契約書、金銭消費貸借契約書（以上は１号文書）、請負に関する契約書（２号文書）、約束手形、為

替手形（3号文書）、株券、出資証券、社債券など（4号文書）、定款（6号文書）継続的取引の基本となる契約書（7号文書）、金銭または有価証券の受取書（17号文書）などがあります。

　この20種類に該当しない文書は非課税文書です。印紙税を免れるために、契約書のタイトルを課税文書に該当しないものにしたとしても通用しません。課税文書に該当するかどうかは、文書の名称や形式ではなく、実質的な内容で判断することとされています。たとえば、契約書のタイトルに「売買契約書」と記載されていても、契約書の内容が請負に関するものであれば「請負契約書」として判断されることになります。

　Ⓑ　印紙税の納税義務は誰が負うか

　印紙税は、課税文書の作成者に納付義務があるとされています。たとえば、2当事者間の契約書のように、2当事者が共同して作成した文書の場合には、2当事者は、課税文書に関する印紙税を連帯して納付する義務があるのです。

(3)　貼付する印紙を節約する方法

　契約書を作成する際に、最高額の印紙額は60万円です。契約書の正本2通を作成すると120万円という高額な印紙を貼付しなければならなくなります。1通あたりの印紙が高額ではなくても、多数の契約書を作成する必要がある場合には、印紙税額でも相当の金額にふくらんでしまう可能性があります。印紙税を貼付しなければならないのは契約書の正本です。

　そこで、印紙税を節約するべく契約書の正本を1通しか作成しない方法がとられます。当事者の取決めで、契約書の正本は1通だけ作成し、当事者の一方が正本を保有し、もう一方の当事者は写しを保有するという形をとるのです。正本を2通作成

した場合には、2通とも印紙を貼付しなければなりませんが、このような形式をとることで、1通分の印紙を節約することができます。

［図1－11－1］　印紙税額一覧表

印　　紙　　税　　額

令和2年4月現在

番号	文書の種類（物件名）	印紙税額（1通又は1冊につき）	主な非課税文書
1	1　不動産、鉱業権、無体財産権、船舶若しくは航空機又は営業の譲渡に関する契約書 （注）　無体財産権とは、特許権、実用新案権、商標権、意匠権、回路配置利用権、育成者権、商号及び著作権をいいます。 　不動産売買契約書、不動産交換契約書、不動産売渡証書など 2　地上権又は土地の賃借権の設定又は譲渡に関する契約書 （例）　土地賃貸借契約書、土地賃料変更契約書など 3　消費貸借に関する契約書 （例）　金銭借用証書、金銭消費貸借契約書など 4　運送に関する契約書 （注）　運送に関する契約書には、傭船契約書を含み、乗車券、乗船券、航空券及び送り状は含まれません。 （例）　運送契約書、貨物運送引受書など	記載された契約金額が 10万円以下のもの　　　　　　　　　　　200円 10万円を超え　50万円以下のもの　　　　400円 50万円を超え　100万円以下　　〃　　　1千円 100万円を超え　500万円以下　　〃　　　2千円 500万円を超え　1千万円以下　　〃　　　1万円 1千万円を超え　5千万円以下　　〃　　　2万円 5千万円を超え　　1億円以下　　〃　　　6万円 1億円を超え　　　5億円以下　　〃　　10万円 5億円を超え　　　10億円以下　　〃　　20万円 10億円を超え　　50億円以下　　〃　　40万円 50億円を超えるもの　　　　　　　　　　60万円 契約金額の記載のないもの　　　　　　　200円	記載された契約金額が **1万円未満（※）**のもの ※　第1号文書と第3号から第17号文書とに該当する文書で第1号文書に所属が決定されるものの契約金額が1万円未満であっても非課税文書とはなりません。
1	上記の1に該当する「不動産の譲渡に関する契約書」のうち、平成9年4月1日から令和4年3月31日までの間に作成されるものについては、契約書の作成年月日及び記載された契約金額に応じ、右欄のとおり印紙税額が軽減されています。 （本則）　契約金額の記載のないものの印紙税額は、本則どおり200円となります。	【平成26年4月1日～令和4年3月31日】 記載された契約金額が 50万円以下のもの　　　　　　　　　　　200円 50万円を超え　100万円以下のもの　　500円 100万円を超え　500万円以下　　〃　　1千円 500万円を超え　1千万円以下　　〃　　1万円 1千万円を超え　5千万円以下　　〃　　1万円 1億円を超え　　　1億円以下　　〃　　3万円 5億円を超え　　　5億円以下　　〃　　6万円 10億円を超え　　10億円以下　　〃　　16万円 50億円を超えるもの　　　　　　　　　48万円 【平成9年4月1日～平成26年3月31日】 記載された契約金額が 1千万円を超え　5千万円以下のもの　　1万5千円 5千万円を超え　　1億円以下　　〃　　4万5千円 1億円を超え　　　5億円以下　　〃　　8万円 5億円を超え　　　10億円以下　　〃　　18万円 10億円を超えるもの　　　　　　　　　54万円	
2	請負に関する契約書 （注）　請負には、職業野球の選手、映画（演劇）の俳優（監督・演出家・プロデューサー）、プロボクサー、プロレスラー、音楽家、舞踊家、テレビジョン放送の演技者（演出家、プロデューサー）が、その者としての役務の提供を約することを内容とする契約を含みます。 （例）　工事請負契約書、工事注文請書、物品加工注文請書、広告契約書、映画俳優専属契約書、請負金額変更契約書など	記載された契約金額が 100万円以下のもの　　　　　　　　　　200円 100万円を超え　200万円以下のもの　　400円 200万円を超え　300万円以下　　〃　　1千円 300万円を超え　500万円以下　　〃　　2千円 500万円を超え　1千万円以下　　〃　　1万円 1千万円を超え　5千万円以下　　〃　　2万円 5千万円を超え　　1億円以下　　〃　　6万円 1億円を超え　　　5億円以下　　〃　　10万円 5億円を超え　　　10億円以下　　〃　　20万円 10億円を超え　　50億円以下　　〃　　40万円 50億円を超えるもの　　　　　　　　　60万円 契約金額の記載のないもの　　　　　　　200円	記載された契約金額が **1万円未満（※）**のもの ※　第2号文書と第3号から第17号文書とに該当する文書で第2号文書に所属が決定されるものの契約金額が1万円未満であっても非課税文書とはなりません。
2	上記の「請負に関する契約書」のうち、建設業法第2条第1項に規定する建設工事の請負に係る契約に基づき作成されるもので、平成9年4月1日から令和4年3月31日までの間に作成されるものについては、契約書の作成年月日及び記載された契約金額に応じ、右欄のとおり印紙税額が軽減されています。 （注）　契約金額の記載のないものの印紙税額は、本則どおり200円となります。	【平成26年4月1日～令和4年3月31日】 記載された契約金額が 200万円以下のもの　　　　　　　　　　200円 200万円を超え　300万円以下のもの　　500円 300万円を超え　500万円以下　　〃　　1千円 500万円を超え　1千万円以下　　〃　　1万円 1千万円を超え　5千万円以下　　〃　　1万円 1億円を超え　　　1億円以下　　〃　　3万円 5億円を超え　　　5億円以下　　〃　　6万円 10億円を超え　　10億円以下　　〃　　16万円 50億円を超えるもの　　　　　　　　　48万円 【平成9年4月1日～平成26年3月31日】 記載された契約金額が 1千万円を超え　5千万円以下のもの　　1万5千円 5千万円を超え　　1億円以下　　〃　　4万5千円 1億円を超え　　　5億円以下　　〃　　8万円 5億円を超え　　　10億円以下　　〃　　18万円 10億円を超えるもの　　　　　　　　　54万円	
3	約束手形、為替手形 （注）1　手形金額の記載のない手形は非課税となりますが、金額を補充したときは、その補充をした人がその手形を作成したものとみなされ、納税義務者となります。 　2　振出人の署名のない白地手形（手形金額の記載のないものは除きます。）で、引受人やその他の手形当事者の署名のあるものは、引受人やその他の手形当事者がその手形を作成したことになります。	記載された手形金額が 10万円以上　100万円以下のもの　　　200円 100万円を超え　200万円以下　　〃　　400円 200万円を超え　300万円以下　　〃　　600円 300万円を超え　500万円以下　　〃　　1千円 500万円を超え　1千万円以下　　〃　　2千円 1千万円を超え　2千万円以下　　〃　　4千円 2千万円を超え　3千万円以下　　〃　　6千円 3千万円を超え　5千万円以下　　〃　　1万円 5千万円を超え　　1億円以下　　〃　　2万円 1億円を超え　　　2億円以下　　〃　　4万円 2億円を超え　　　3億円以下　　〃　　6万円 3億円を超え　　　5億円以下　　〃　　10万円 5億円を超え　　　10億円以下　　〃　　15万円 10億円を超えるもの　　　　　　　　　20万円	1　記載された手形金額が10万円未満のもの 2　手形金額の記載のないもの 3　手形の複本又は謄本
3	①一覧払のもの、②金融機関相互間のもの、③外国通貨で金額を表示したもの、④非居住者円表示のもの、⑤円建銀行引受手形	200円	

〔10万円以下又は10万円以上 ···· 10万円は含まれます。
　10万円を超え又は10万円未満 ·· 10万円は含まれません。〕

番号	文書の種類（物件名）	印紙税額（1通又は1冊につき）	主な非課税文書
4	**株券、出資証券若しくは社債券若しくは投資信託、貸付信託、特定目的信託若しくは受益証券発行信託の受益証券** （注）　1　出資証券には、投資証券を含みます。 　　　　2　社債券には、特別の法律により法人の発行する債券及び相互会社の社債券を含みます。	記載された券面金額が 　500万円以下のもの　　　　　　　　　200円 　500万円を超え1千万円以下のもの　　1千円 　1千万円を超え5千万円以下　　〃　　1万円 　5千万円を超え1億円以下　　　〃　　2万円 　1億円を超えるもの　　　　　　　　2万円 （注）　株券、投資証券については、1株（1口）当たりの払込金額に株数（口数）を掛けた金額を券面金額とします。	1　日本銀行その他特定の法人が作成する出資証券 2　1　譲渡が禁止されている特定の受益証券 　　2　一定の要件を満たしている額面株式の株券の無効手続に伴い新たに作成する株券
5	**合併契約書又は吸収分割契約書若しくは新設分割計画書** （注）　1　会社法又は保険業法に規定する合併契約を証する文書に限ります。 　　　　2　会社法に規定する吸収分割契約書又は新設分割計画書を証する文書に限ります。	4万円	
6	**定　　款** （注）　株式会社、合名会社、合資会社、合同会社又は相互会社の設立のときに作成される定款の原本に限ります。	4万円	株式会社又は相互会社の定款のうち公証人法の規定により公証人の保存するもの以外のもの
7	**継続的取引の基本となる契約書** （注）　契約期間が3か月以内で、かつ、更新の定めのないものは除きます。 （例）　売買取引基本契約書、特約店契約書、代理店契約書、業務委託契約書、銀行取引約定書など	4千円	
8	**預金証書、貯金証書**	200円	信用金庫その他特定の金融機関の作成するもので記載された預入額が1万円未満のもの
9	**倉荷証券、船荷証券、複合運送証券** （注）　法定記載事項の一部を欠く証書で類似の効用があるものを含みます。	200円	
10	**保険証券**	200円	
11	**信用状**	200円	
12	**信託行為に関する契約書** （注）　信託証書を含みます。	200円	
13	**債務の保証に関する契約書** （注）　主たる債務の契約書に併記するものは除きます。	200円	身元保証ニ関スル法律に定める身元保証に関する契約書
14	**金銭又は有価証券の寄託に関する契約書**	200円	
15	**債権譲渡又は債務引受けに関する契約書**	記載された契約金額が1万円以上のもの　200円 契約金額の記載のないもの　　　　　　200円	記載された契約金額が1万円未満のもの
16	**配当金領収証、配当金振込通知書**	記載された配当金額が3千円以上のもの　200円 配当金額の記載のないもの　　　　　　200円	記載された配当金額が3千円未満のもの
17	**1　売上代金に係る金銭又は有価証券の受取書** （注）　1　売上代金とは、資産を譲渡することによる対価、資産を使用させること（権利を設定することを含みます。）による対価及び役務を提供することによる対価をいい、手付けを含みます。 　　　　2　株券等の譲渡代金、保険料、公社債及び預貯金の利子などは売上代金から除かれます。 （例）　商品販売代金の受取書、不動産の賃貸料の受取書、請負代金の受取書、広告料の受取書など	記載された受取金額が 　100万円以下のもの　　　　　　　　　200円 　100万円を超え200万円以下のもの　　400円 　200万円を超え300万円以下　〃　　　600円 　300万円を超え500万円以下　〃　　1千円 　500万円を超え1千万円以下　〃　　2千円 　1千万円を超え2千万円以下　〃　　4千円 　2千万円を超え3千万円以下　〃　　6千円 　3千万円を超え5千万円以下　〃　　1万円 　5千万円を超え1億円以下　　〃　　2万円 　1億円を超え2億円以下　　　〃　　4万円 　2億円を超え3億円以下　　　〃　　6万円 　3億円を超え5億円以下　　　〃　　10万円 　5億円を超え10億円以下　　　〃　　15万円 　10億円を超えるもの　　　　　　　20万円 受取金額の記載のないもの　　　　　　200円	次の受取書は非課税 1　記載された受取金額が**5万円未満（※）**のもの 2　営業に関しないもの 3　有価証券、預貯金証書など特定の文書に追記した受取書 ※　平成26年3月31日までに作成されたものについては、記載された受取金額が3万円未満のものが非課税とされていました。
	2　売上代金以外の金銭又は有価証券の受取書 （例）　借入金の受取書、保険金の受取書、損害賠償金の受取書、補償金の受取書、返還金の受取書など	200円	
18	**預金通帳、貯金通帳、信託通帳、掛金通帳、保険料通帳**	1年ごとに　　　　　　　　　　　　　200円	1　信用金庫など特定の金融機関の作成する預貯金通帳 2　所得税が非課税となる普通預金通帳など 3　納税準備預金通帳
19	**消費貸借通帳、請負通帳、有価証券の預り通帳、金銭の受取通帳などの通帳** （注）　18に該当する通帳を除きます。	1年ごとに　　　　　　　　　　　　　400円	
20	**判取帳**	1年ごとに　　　　　　　　　　　　4千円	

（出典：国税庁ホームページ）

［図1－11－2］　貼付する印紙を節約する方法

合意書

　本合意の成立を証するため本合意書の正本1通を作成し、甲乙それぞれ署名押印の上、甲が原本を、乙が写しを保有する。

甲：住所　　○　○　○　○
　　氏名　　○　○　○　○　　㊞

乙：住所　　○　○　○　○
　　氏名　　○　○　○　○　　㊞

12.

どんな契約書でも公正証書にしたほうがよい？

(1) 公正証書とは

日頃契約書にかかわる相談を受けている中で、「契約書は公正証書にしたほうがよいですよね」「公正証書にしないと裁判になったときの証拠になりませんよね」「公正証書のほうが安心ですよね」「公正証書のほうが強力ですよね」と尋ねられることがあります。

公正証書は、公証人が公証人法・民法などの法律に従って作成する公文書です。公文書なので高い証明力があります。また、債務者が金銭債務の支払いを怠ると、裁判所の判決などを待たないで直ちに強制執行手続に移ることが可能になります。

強制執行というのは、債務名義に表された私法上の請求権の実現に向けて国が権力（強制力）を発動し、真実の債権者に満足を得させることを目的とした法律上の制度のことです。いわば、債務者が保有する財産を処分して債権者が配当を得るために、国が実力行使をしてくれる手続です。裁判所の管理のもとで、債務者が保有している不動産を競売にかけたり、債務者が保有している動産を売却したり、債務者が第三債務者に対して保有している債権を差し押さえたりして換金します。国に力を

借りて債権回収を図ることができるわけです。

　もう少し具体的に説明します。[図１−12−１]（公正証書の活用）をご覧ください。Ａさんが、Ｂさんに対して、100万円を貸して、Ｂさんは、Ａさんに対して、将来の一定の日に100万円を返済する約束をした場合のイメージ図です。このような約束を金銭消費貸借契約といいます。Ｂさんが期日に100万円を返済してくれた場合には問題はありません。ところが、Ｂさんが期日に100万円を返済してくれなかった場合に、Ａさんは困ります。Ａさんは、Ｂさんに対して、粘り強く支払いの請求すると思いますが、それでもＢさんが返済をしてくれない場合には、Ａさんは、Ｂさんから強制的に100万円を回収することを考えます。Ａさんが、Ｂさんから強制的に100万円を

[図１−12−１]　公正証書の活用

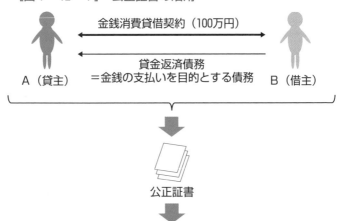

回収しようとする場合に、通常であれば、Aさんは、裁判所に訴訟等の手続を提訴して、裁判所がAさんのBさんに対する債権の存在と内容についてのお墨付き（判決）をくれなければ、強制執行の手続を進めることはできません。Aさんが、裁判所に訴訟等の手続を提訴して、債権の存在と内容にお墨付きをもらうには、時間、費用、労力がかかります。ところが、あらかじめ、公正証書を作成しておけば、Aさんは、このような余分な時間、費用、労力を省くことが可能になります。これが契約書を公正証書にする最大のメリットです。

⑵　公正証書にしたほうがよい契約書

　公正証書を作成すべきか否かの判断要素の1つは、契約の内容が「金銭の支払いを目的とする契約か否か」です。「金銭の支払いを目的とする契約」については、公正証書にしておくことで、将来の強制執行を容易にするというメリットがあります。［図1−12−1］（公正証書の活用）のように「金銭の支払いを目的とする契約」については契約書を公正証書にしておくことには大きな意味があるのです。

　しかし、「金銭の支払いを目的としない契約」である土地の賃貸借契約などは、公正証書にしておいても、それを債務名義として直ちに強制執行を行うことはできません。「金銭の支払いを目的としない契約」の場合には、別途、訴訟手続等を利用して債務名義を取得しなければならないとされています。そのため、どうしても公正証書にしなければならないことはありません。

13.

契約書作成に数十万円？

(1) 紛争が生じたら？

　相談を終えた後に、「どうして、契約書に対する意識が高くないのだろう」と考えることがあります。自分なりに考えてみると、①これまでトラブルや紛争を経験したことがない、②そのためにトラブルや紛争になったらどのような事態におかれるかを想像できない、③そもそも契約書に関する知識がないということが原因ではないかという結論にたどりつきます。

　繰り返しになりますが、契約書を作成する目的は2つあります。契約書を作成することで当事者の合意内容を明確にしてトラブルや紛争を予防すること（紛争の予防）と、契約当事者の合意によりトラブルや紛争が生じた場合の解決のルール等を定めておくことでトラブルや紛争に発展した場合の解決を容易にすること（紛争の解決）です。実際に、トラブルや紛争を経験したことがある経営者や事業者であれば、契約書の重要性を理解していただけると思いますが、これまでトラブルや紛争を経験したことがない経営者や事業者にはなかなかこの点を理解していただけません。

　そこで、まずは、トラブルや紛争が発生した場合に、どのような手続が考えられるかについて具体例を用いて説明します。[図1－13－1]（金銭消費貸借契約のイメージ）をご覧ください。

[図１−13−１]　金銭消費貸借契約のイメージ

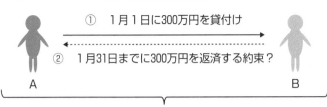

①　１月１日に300万円を貸付け

②　１月31日までに300万円を返済する約束？

A　　　　　　　　　　　　　　　　　　　B

金銭消費貸借契約？

これは、AさんとBさんが契約書をつくらずに、AさんがB
さんに対して、ある年の１月１日に300万円を無利息で貸し付
け、BさんはAさんに対して、同じ年の１月31日までに300万
円を返す約束をしていた場合のイメージ図です。

　この例で、BさんがAさんに対して１月31日までに300万円
を返済することができなかった場合、AさんはBさんに対し
て「300万円を支払え」と請求していくことになります。Aさ
んからの請求に対し、Bさんが「そもそも300万円を受領して
いない」とか「300万円は受領したけれど、Aさんからもらっ
たもので、返済する約束はしていない」といった主張をしてき
たとします。この場合には、Aさんの認識とBさんの認識が
異なっている以上、AさんはBさんに対して、Aさんの主張
を認めさせなければなりません。

　Ⓐ　交渉・調停・支払督促

　その際に考えられる方法をまとめたのが、［図１−13−２］
（解決までのフロー）です。AさんがBさんに対して請求を行
うに際して考えられる手続を順に説明します。

　まずは、「交渉」についてです。「交渉」は裁判所を利用しな
いで、AさんがBさんと解決に向けての話合いを進めること

です。この事例の場合には、話合いがまとまらなかったので、交渉が決裂した「×」の方向に進むことになります。交渉だと、立場の優劣や、お互いの言い分のどちらが正しいかの基準を設定することが難しいため、事例のようにお互いの主張が大きく食い違う場合には、功を奏しないことも多いのです。

次に、Aさんは「何とかしてBさんに自分の言い分を理解してもらおう」と考えます。AさんとBさんの2人で話を続けていてもらちがあかないので、お互いの言い分のギャップを埋めるために、裁判所を利用しようと考えます。具体的には、「調停」「支払督促」「訴訟」のいずれかを選択することになります。

「調停」は、裁判所を交えて当事者が話合いを行う手続です。「調停」の利用が功を奏するのは、当事者が相互に歩み寄って話合いで解決が可能な場合です。また、当事者だけで話合いを進めても、調整役がいないために、話合いが平行線をたどることがあります。しかし、「調停」の場合には、調停委員という第三者が間に入って話合いの調整をしてくれるので、当事者だけで話合いを行う場合よりも解決に向けた話合いが進むと期待できます。あくまで話合いによって解決するための手続なので、お互いの言い分が平行線をたどる場合には、「調停」を利用しても解決にたどり着くことはできません。この事例では、Bが300万円の授受や300万円の返済義務を否定しているので、裁判所を交えたとしても話合いがまとまる可能性は低く、必ずしも効果的な方法ではないように思われます。

また、「支払督促」は、金銭、有価証券、その他の代替物の給付に係る請求について請求に理由があると認められる場合に裁判所が債務者に支払督促を発する手続です。そして、もし債

務者が支払督促を受領した後2週間以内に異議の申立てをしなければ、裁判所は債権者の申立てにより支払督促に仮執行宣言を付さなければならないとされています。この事例では、Bさんが300万円の授受や300万円の返済義務を否定しています。そのため、Bさんが異議を出してくる可能性が高いので、結局は、[図1-13-2]（解決までのフロー）の「訴訟」の流れに行き着くことになります。

[図1-13-2] 解決までのフロー

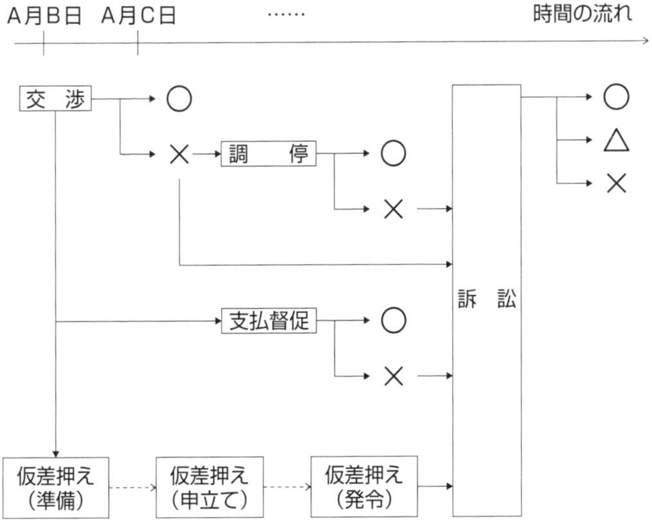

Ⓑ 訴訟

問題は、訴訟になった場合に、Aさんは「BがAに対して1月31日までに300万円を返す約束をしていたこと」を主張し、

その主張をAさんが提出する資料（証拠）で証明しなければならないということです。この段階で、仮に、AさんとBさんとの間で「金銭消費貸借契約書」が存在して、その中に「BはAに対して1月31日までに300万円を返す約束をしていたこと」を示す条項が含まれていれば、Aさんは、裁判所を通じて、Bさんに対して、Aさんの主張を認めさせることが可能になります。

逆に、AさんとBさんとの間で「金銭消費貸借契約書」が存在せず、または「金銭消費貸借契約書」というタイトルの書類が存在したとしても、「BはAに対して1月31日までに300万円を返す約束をしていたこと」を示す条項が含まれていなければ、Aさんは、Bさんに対して、Aさんの主張を認めさせることができなくなる可能性があるのです。

Ⓒ　仮差押え

また、たとえば、AさんがBさんに対して貸金返還請求訴訟を起こすことを決めたとして、Bさんには自宅のほかにはめぼしい財産がないような状態だった場合、もし、Bさんが自宅を誰かに売って（処分して）しまったら、Aさんは裁判で勝っても300万円を返してもらうことはできなくなります。

そこで、Aさんは、Bさんが勝手に自宅を処分できないように、裁判所に申立てを行い、唯一の財産である自宅の処分を禁止してもらう必要があります。このようなときに利用できるのが「仮差押え」です。仮差押えをする場合には、仮に差し押さえようとする財産を明示し、保全されるべき債権者の権利と保全の必要性を記載した申立書を作成して、これらの事実を疎明する資料を添付して、裁判所に提出します。通常は、当日または数日内に裁判官との面接などがあり、財産を保全する必要

性があるかどうかの判断がなされます。裁判所が仮差押えの命令を出すことになると、裁判所から保証金の額（仮差押えをしようとする対象財産の10％〜30％程度）が提示されます。この金額を法務局に供託し、供託書とその写しを持って裁判所の窓口に行くと、仮差押命令を出してくれます。この命令書を持って裁判所の執行官室に行って、Bさんの財産を保全することになります。

　しかし、AさんとBさんとの間で契約書がなければ、Aさんは裁判所に仮差押えを認めてもらうための「疎明資料」を提出することができず、結局、Bさんの財産を保全することすらできなくなってしまう可能性があります。

　Ⓓ　小　括

　以上のように、仮に、AさんがBさんとの間で契約書を1通作成しておけば、交渉の段階でBさんにAさんの言い分を認めさせることができたかもしれませんが、それがないために、AさんはBさんに対して訴訟をしなければならなくなります。そして、AさんとBさんとの間の契約書がない以上は、AさんがBさんに対して訴訟を起こしたとしても、Aさんは自分の言い分を認めてもらうための証拠を提出することができず、結局、Aさんの言い分が認められない可能性も出てきます。

　また、AさんがBさんへの請求とともに、将来、確実に300万円を回収することができるように、Bさんの財産を保全しようとして、裁判所に仮差押命令の申立てをしたとしても、AさんとBさんとの間の契約書がない以上は、裁判所が仮差押えを認めてくれない可能性も出てきます。そうなると、結局、AさんはBさんに渡したはずの300万円を回収することができなくなってしまうわけですが、AさんがBさんとの間で適切

な契約書を作成しておきさえすれば、Aさんは300万円ものお金を損せずに済むのです。紙数枚の契約書の存在が、300万円以上の損害を発生させるか否かの命運を変えるといっても、過言ではありません。

(2) 弁護士費用

そして、このような事態を避けるために用いた手続のうち、「調停」や「支払督促」くらいはAさんが自分ですることもできるかもしれませんが、「訴訟」や「仮差押え」はAさんが自分で進めることは容易ではないため、どうしても弁護士に依頼して手続を進めていかざるを得なくなります。しかし、弁護士に依頼した場合には、①実費と②弁護士報酬がかかります。①実費とは、たとえば、収入印紙代、郵便切手代、謄写料、交通費、通信費、宿泊料など弁護士が業務を遂行する際に実際にかかる費用です。②弁護士報酬というのは、着手金・報酬金・手数料等といわれるものです。着手金は、成功・不成功にかかわらず、弁護士に業務を依頼した際に弁護士に支払うべきものです。報酬金は、弁護士が扱った事件の成功の程度に応じて支払うべきものです。手数料は原則として1回程度の手続で事件が終わり結果の成功が見込める事件での支払いをいいます。これらを［図1-13-3］（一般的な弁護士費用の例）にまとめましたので、ご覧ください。

かつて弁護士業界には日本弁護士連合会（以下、「日弁連」といいます）報酬等基準規程という弁護士報酬の基準がありましたが、2004年（平成16年）4月1日以降は、弁護士報酬は自由化され法律事務所ごとに基準が設けられるようになっています。そのため、現在では以前の弁護士報酬規程のように全国一律の

				内容	備考
弁護士費用	実費	―	実　費	弁護士が業務を遂行する際にかかる費用	例：収入印紙代、郵便切手代、謄写料、交通費、通信費、宿泊料
	弁護士報酬	1	着手金	弁護士に事件を依頼した段階で支払う費用	事件の結果に関係なく、つまり不成功に終わっても返還されない
		2	報　酬	事件が成功に終わった場合、事件終了の段階で支払う費用	成功というのは一部成功の場合も含まれ、その度合いに応じて支払う必要があるが、全く不成功（裁判でいえば全面敗訴）の場合は支払う必要はない
		3	手数料	当事者間に実質的に争いのないケースでの事務的な手続を依頼する場合に支払う費用	例：手数料を支払う場合としては書類（契約書、遺言など）作成、遺言執行、会社設立、登記、登録など
		4	法　律相談料	依頼者に対して行う法律相談の費用	例：30分5000円など
		5	顧問料	企業や個人と弁護士が締結した顧問契約に基づき継続的に行う一定の法律事務に対して支払われる費用	―

弁護士報酬基準はありませんが、それでも多くの法律事務所はかつての日弁連報酬等基準規程を参考にしながら、あるいは同規程とあまり大きくかけ離れることのない基準を設けているというのが実情です。

　[図1−13−4]（弁護士報酬の目安）をご覧ください。標準的な弁護士報酬に関して、弁護士報酬が自由化された後に日弁連が行ったアンケート（以下、「アンケート」といいます）の結果が公表されているので、紹介します。

　たとえば、Aさんが300万円の債権回収を弁護士に依頼しようとした場合には、どのような費用が必要になるのでしょうか。依頼を受けた弁護士は、まずは将来訴訟になった場合に備えて、Bさんに内容証明郵便を送付するというところから事件処理がスタートします。アンケートによると、内容証明郵便を発送する際の手数料としては3万円が相場になります。

　次に、Bさんが支払いに応じなければ、Bさんに対して訴訟を提起することになりますが、その際の着手金の相場は20万円になります。この時点では300万円を回収することができるかどうかはわかりません。これまでかかった23万円は弁護士に依頼するBさんの持ち出しになります。

　そして、最終的に勝訴判決を得られれば成功報酬として相場の30万円がかかります。そして、この段階でも300万円が回収できるかどうかはわかりません。勝訴判決を得るというのは、判決書という紙きれをもらうだけです。判決が出ても、相手が任意に支払わなければ、さらに強制執行という別の手続を裁判所に申し立てなければなりません。そうすると、また新たに弁護士費用がかかる……そんなことになるわけです。さて、ここまでで弁護士に支払った弁護士報酬はいくらになっているので

しょうか。1円も回収していないにもかかわらず、53万円の弁護士報酬がかかっています。それ以外にも、実費や消費税もあるので、実際に弁護士に支払わなければならない費用は53万円よりも高額になるわけです。そのうえで、さらに強制執行手続を依頼するとまた弁護士報酬がかかる……。いかがでしょうか。

［図1−13−4］　弁護士報酬の目安

金銭消費貸借
知人に300万円貸したが、期限が来たのに返してくれないので返還を求めることにした。当初、弁護士名での内容証明郵便で催促した。ところが、知人からは何の返答もなかったので、さらに訴訟を提起し、その結果、勝訴して任意で全額回収できた。

◆内容証明郵便の手数料

1	1万円	159	15.9%
2	2万円	173	17.4%
3	3万円	416	41.7%
4	5万円	171	17.2%
5	その他	78	7.8%　（合計　997）

◆引き続き訴訟の場合（上記手数料を除く）

●着手金				●報酬金			
1	10万円前後	119	11.9%	1	10万円前後	49	4.9%
2	15万円前後	263	26.2%	2	20万円前後	189	18.9%
3	20万円前後	440	43.9%	3	30万円前後	502	50.2%
4	25万円前後	118	11.8%	4	40万円前後	145	14.5%
5	30万円前後	51	5.1%	5	50万円前後	99	9.9%
6	その他	11	1.1%	6	60万円前後	8	0.8%
		（合計1002）		7	その他	8	0.8%
						（合計1000）	

（出典：日弁連「アンケート結果にもとづく市民のための弁護士報酬の目安」8頁）

弁護士に依頼して確実に300万円の回収ができたのであればともかく、最終的に300万円の回収ができなかった場合であっても、弁護士に依頼したあなたの損害は353万円以上にふくらんでしまうことにもなりかねません。

　もっとも最近では、完全成功報酬制（CONTINGENCY FEE／実際にお金を回収できた場合にだけ費用を支払う形態）で債権回収を行う法律事務所も出てきていますので（その場合、最終的な報酬額は通常依頼した場合よりも高額に設定されることが多いようです）、このような例がすべての法律事務所にあてはまるわけではありませんが、一般的な大多数の法律事務所ではこのような状況が生じます。

　弁護士に依頼した場合には債権回収の成否にかかわらず、相当な費用がかかってしまうことをご理解いただけたのではないかと思います。ここでは、「債権回収の成否にかかわらず」という点がポイントです。確実に債権回収ができるのであれば相応の費用がかかってもやむを得ないと考える方もいると思いますが、相手のいる話なので必ずしも債権を回収できない場合もあります。その場合には、弁護士に依頼したために要する費用は持ち出しになります。

(3)　契約書を作成したらいくらかかるのか

　このように契約書を作成していないばかりに、後日、トラブルや紛争が発生した場合に、多くの手間や多額の費用がかかってしまう例は少なくありません。それでは契約書を作成した場合には、どの程度の費用がかかるのでしょうか。

　契約書の作成についても、弁護士報酬は自由化されており、法律事務所ごとに基準が設けられるようになっているので、以

前の弁護士報酬規程のように全国一律の弁護士報酬基準はありませんが、おおよその相場としては［図１－13－５］（旧日弁連弁護士報酬等基準規程（抜粋））が参考になります。［図１－13－１］（金銭消費貸借契約のイメージ）のような金銭消費貸借契約書の作成の場合には、ほとんどの場合「定型」の契約書の部類にあたるので、仮に、1000万円の契約書を作成した場合には、高くても「10万円から30万円の範囲の額」が一般的な相場ということになろうかと思います。

　また、［図１－13－６］（3000万円の契約書を作成した場合）は、

[図１－13－５]　旧日弁連弁護士報酬等基準規程（抜粋）

分　類		弁護士報酬の額（手数料の額）
定　型	経済的利益の額が1000万円未満のもの	５万円から10万円の範囲内の額
	経済的利益の額が1000万円以上１億円未満のもの	10万円から30万円の範囲内の額
	経済的利益の額が１億円以上のもの	30万円以上
非定型	基本	経済的な利益の額が 300万円以下の場合　　　　　　10万円 300万円を超え3000万円以下の場合 　　　　　　　　　　　　　１％＋７万円 3000万円を超え３億円以下の場合 　　　　　　　　　　　0.3％＋28万円 ３億円を超える場合 　　　　　　　　　　　0.1％＋88万円
	特に複雑または特殊な事情がある場合	弁護士と依頼者との協議により定める額
公正証書にする場合		上記の手数料に３万円を加算する。

前述した日弁連のアンケート結果からの抜粋ですが、3000万円の売買契約書の作成を弁護士に依頼した場合の費用の相場を示す資料です。この資料では顧問契約を締結している場合には「5万円前後」が「49.0%」となっており最も回答数が多かったボリュームゾーンとなっています。他方で、顧問契約を締結していない場合には「10万円前後」が「43.8%」となっており、

[図1－13－6] 3000万円の契約書を作成した場合

> 製造メーカーである中小企業が卸売業者との商品の継続的取引のための基本売買契約書を作成する。年間の取引予想額は3000万円程度。代金支払に手形決済の予定あり。物的担保はないが、卸売業者の代表者が連帯保証人になる予定。契約書の作成に2～3時間が予想される。この場合の手数料はいくらか。
>
> 〔回答数＝304〕

(1) 顧問契約がない場合

1	5万円前後	(25.0%)
2	10万円前後	(43.8%)
3	15万円前後	(10.9%)
4	20万円前後	(8.9%)
5	30万円前後	(5.9%)
6	その他	(3.9%)

(2) 顧問契約がある場合

1	5万円前後	(49.0%)
2	10万円前後	(21.4%)
3	15万円前後	(2.3%)
4	20万円前後	(3.9%)
5	30万円前後	(0%)
6	その他	(7.2%)
5	0円	(11.2%)

（出典：「中小企業のための弁護士報酬目安［2009年アンケート結果版］」（抜粋））

最も回答数が多かったボリュームゾーンとなっています。このように、法律事務所や弁護士との顧問契約がある場合には、ある程度の契約書作成業務は顧問料の範囲内で対応される場合が多いと思いますし、顧問料の範囲外の法律業務となる場合にも顧問契約がない場合と比べて低額になっているので、頻繁に契約書作成業務を依頼する必要がある経営者や事業者の場合には、信頼のおける法律事務所と顧問契約を締結しておくことも一考に値します。

　契約書を作成せずに、後にトラブルや紛争になった場合に、多くの手間や多額の費用をかけるのか、ある程度の費用をかけて契約書を作成しておくことでトラブルや紛争を予防するのか、最終的には経営者や事業者のリスク判断次第だとは思いますが、決して高額な出費ではないように思います。

14

誤解⑭

電子契約でも有効？

(1) 電子契約の有効性

　電子的に作成した契約書を、インターネット等の通信回線を用いて契約の相手方に開示し、契約内容に合意する意思表示として、契約当事者の電子署名を付与することによって締結される契約を電子契約といいます。そして、このような方法で締結された電子契約でも、基本的には有効に契約が成立します。「基本的に」という留保を付けたのは、法律上、一定の類型の契約については書面で締結することが義務づけられているからですが、それ以外のほとんどの契約では、当事者の一方が相手方に契約締結の申込みを行い、相手方がそれを承諾すれば、紙媒体の契約書の取り交わしを行わなくても有効に契約は成立するとされています（民法522条）。

(2) 紙媒体の契約と電子契約の違い

　紙媒体の契約と電子契約であっても、成立した契約内容（誰が、誰と、いつ、どのような内容の合意をしたのか）を後日証明できるように記録に残しておくことが重要な存在意義になります。

　紙媒体の契約と電子契約は、証明対象に対する証明方法に［図１－14－１］（紙媒体の契約と電子契約）に記載したような違いがあります。紙媒体の契約は、紙に押されている印影と印

鑑登録証明書の印影の同一性や、署名の筆跡によって署名者本人による合意や、その後の内容の改ざんがないことを証明する形式になりますが、電子契約では、電子サイン、電子署名と電子証明書、タイムスタンプといったしくみによって、署名者本人による合意や、その後の内容の改ざんがないことを証明する形式になります。

[図1−14−1]　紙媒体の契約と電子契約

証明対象		方法	
		紙媒体の契約	電子契約
1	誰が	署名欄に署名・押印	電子サイン・電子署名
2	誰と	同上	同上
3	いつ	日付記入	日付とタイムスタンプ
4	どのような内容の合意をしたか	契約書に記載	電子ファイルに記載
5	合意内容に齟齬がないことの確認	原本の取り交わし	電子ファイルによる受渡し
6	合意内容の保管方法	紙媒体で保管	電子ファイルで保管

(3)　電子契約のメリット

　紙媒体の契約に比べて、電子契約には、以下のメリットがあります。

①　手間と時間の削減

　紙媒体の契約を郵送手続で行う場合には、契約当事者の一方

が原本を印刷して、署名押印を行い、それを契約相手に郵送して、契約相手が署名押印を行い、押印後の原本を返送するといった手間がかかります。そして、これらの一連の手間には1週間から2週間程度の時間がかかります。これに対して、電子契約の場合には、契約当事者がお互いにパソコンやスマートフォンで作業をすることで完結しますので、手間と時間を削減できます。

② **費用の削減**

紙媒体の契約の場合には、郵送代、印刷費、製本費用、それらの作成にかかわる人件費等、多くの費用がかかります。これに対して、電子契約の場合には、インターネットに接続している端末（パソコンやスマートフォンなど）があれば、それで足りますので、費用が削減できます。

③ **印紙代の削減**

印紙税法2条に規定する課税文書に該当する契約書には、印紙を貼らなければなりません。この課税文書は紙媒体で作成した場合に限られ、電子ファイルで作成された場合はこれに該当しないと解されています。今後、印紙税法が改正される可能性は否定できませんが、少なくとも本書の刊行時点では、電子契約を利用することで印紙代を削減することができます。

④ **保管スペースの削減**

紙媒体の契約書は、契約書ファイルに綴じて書棚やキャビネットや倉庫に保管しなければなりませんでした。特に契約書類は、消滅時効の関係もあり10年程度保管していることが多いのではないかと思います。その結果、普段は頻繁に参照するような契約書類ではないにもかかわらず、その保管スペースが必要とされています。これに対して、電子契約は有体物に印字せず

にデータとして保存しておけるので、物理的なスペースを使わずに何年も保管することができます。

⑤　テレワークの推進

紙媒体の契約の場合には、書面への押印作業が必要になるため、押印作業のために出社せざるを得ない人がいて、テレワーク推進の支障になることが指摘されていました。これに対して、電子契約の場合には、書面への押印作業が必要ないため、テレワークの推進にも適しています。

⑷　電子契約を利用する際の課題と注意点

電子契約を利用する際の課題や注意点としては、以下の点があります。

①　相手の理解

契約は、一方の当事者だけで締結できるものではなく、相手がいます。そうすると、相手が電子契約を締結することに合意してくれなければ、一方の当事者がいくら望んでも、電子契約の締結ができるわけではありません。そのため、相手の理解を得られるか否かが電子契約の導入を進めるにあたっての重要な課題になります。

②　相手が利用するサービスとの互換性

いろいろな事業者から電子契約サービスが提供されていますが、相手が利用しているサービスと、こちらが利用しているサービスが異なっていると、相互のサービスに互換性が認められず、結果として電子契約を利用できない場合があります。

③　法律で書面が要求される契約

ほとんどの契約は書面で作成することが要求されていませんが、定期借地契約（借地借家法22条）、定期建物賃貸借契約（借

地借家法38条1項)、投資信託の契約（投資信託及び投資法人に関する法律5条）など、一定の契約については、書面の作成が必要とされていますので、これらの契約について電子契約を利用することはできません。

(5) 今後の対応

　電子契約には、多くのメリットがあります。しかし、現時点では、公的な電子証明書を発行するしくみがなかったり、仮に契約内容をめぐる紛争が生じた場合に、電子サインや電子署名とタイムスタンプの組合せによって裁判所がどの程度の証明力を認めるのかについても不確定な部分があったりすることも確かです。そのため、現時点では導入に躊躇している事業者も多いかもしれませんが、今後、これらの課題を明瞭にするための法整備が進むことも予想されますので、そのような社会的な動向も見据えながら、継続的に導入の検討を進めていただくのがよいと思います。

Chapter · 2
....

契約の種類と
基本フレーム

Introduction

　どのような契約を締結するかは、契約の当事者が自由に決定できるので、契約書のバリエーションは無数に存在します。しかし、同種の契約においては、同じ法律の規律を意識する必要があります。

　この点、私人間の契約関係については、民法に定められていますが、民法には13種類の典型的な契約類型についての規定がおかれています。この典型的な契約類型は「典型契約」といわれます。そして、民法に規定されている13種類の典型契約以外に、当事者が合意で定める契約を「非典型契約」といいます。

　また、契約書には「基本フレーム」というべき大枠が存在します。大体、どのような契約書も同じような「基本フレーム」の枠内に収まっており、主要な部分だけが、典型契約や非典型契約の種類ごとに異なってくると考えてください。

　[図2－0－1]（契約の種類と基本フレーム）をご覧ください。最初に「契約書」の表題を含んだ「基本フレーム」があり、その後「典型契約または非典型契約ごとに特有な条項」が続き、最後も「基本フレーム」で終わります。

　多くの契約書はこのような形式で構成されます。「典型契約または非典型契約ごとに特有な条項」の箇所には、各契約類型ごとに注意すべき規定が配置されますが、「基本フレーム」の箇所には、どのような契約類型であっても、契約である以上、共通して規定しておくべき、一般的な規定が配置されます。

　このような契約の種類と契約書の基本的な枠組みを知っておくことは、契約書を作成したり、契約書を確認したり、契約書の修正を行う際にも非常に有益です。契約の種類を意識せずに、

やみくもに契約書を読み解こうとしても容易に理解はできません。時間がかかるだけではなく、重要なポイントを読み解けない可能性があります。

　また、契約書の基本フレームを知らずに、契約書を読み解くことは困難です。タイトルをどう設定すべきか、前文にはどのような意味があるのか、後文にはどのような意味があって何に注意をしなければならないのかといった契約書の形式的な、または、構造的な部分を、まずはしっかりと把握することが、契約書を読み解くうえでは大切です。

［図2－0－1］　契約の種類と基本フレーム

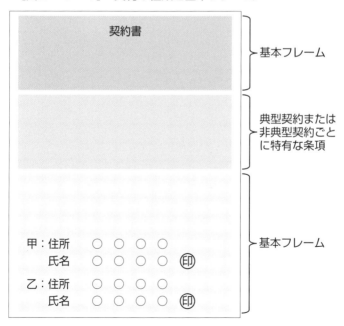

そこで、本章では「契約の種類と基本フレーム」という契約書の作成、確認、修正の前提となる基本的な知識を説明します。

契約の種類①
典型契約

(1) 典型契約とは

　民法には、①贈与（民法549条以下）、②売買（民法555条以下）、③交換（民法586条）、④消費貸借（民法587条以下）、⑤使用貸借（民法593条以下）、⑥賃貸借（民法601条以下）、⑦雇用（民法623条以下）、⑧請負（民法632条以下）、⑨委任（民法643条以下）、⑩寄託（民法657条以下）、⑪組合（民法667条以下）、⑫終身定期金（民法689条以下）、⑬和解（民法695条以下）の13種類の契約類型が、商法には倉庫契約、運送契約などの契約類型が規定されています。

　契約に関する重要なルールは、「契約自由の原則」です（民法521条・522条）。契約を締結するかしないか、契約を締結するとしてどのような内容の契約を締結するか、どのような方式で契約するかについては、契約を締結する当事者が自由に決定することができるというルールです。そのため、本来であれば、民法や商法といった法律で契約に関するルールを規定しておく必要はありません。それにもかかわらず、法律が典型契約を規定する理由は、法律が制定された時点で社会に存在する契約類型はほぼ共通していたため、多くの契約に共通するルールを定めたほうが有益だと考えられたからです。そして、これらの典型契約の規定は、契約書や契約について、当事者の意思が不明確な場合に、当事者が合意した契約内容がどのようなものだっ

たのかを解釈する際の基準としても用いられますし、非典型契約に関する解釈が問題になった際にも、類似の典型契約の内容が参考にされることになります。

　そのため、契約書を読み解くためには、まずは、典型的な契約類型にはどのような契約があるかを把握しておくことが有益です。［図２－１－１］（典型契約の分類）をご覧ください。これは典型契約を類型ごとに整理したものです。典型契約には、経営者や事業者が日常よく目にする代表的な契約類型がいくつかあります。おそらく「確かに、こんな契約をよく目にするな」と感じていただけるのではないでしょうか。この図では、大きく「移転型」「利用型」「労務型」「その他」と分類しました。以下、それぞれの型ごとに、内容を説明します。

第２章　契約の種類と基本フレーム

［図２－１－１］　典型契約の分類

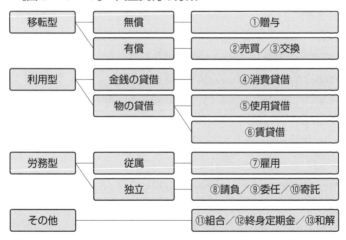

⑵　移転型の典型契約

　まずは、移転型の契約についてです。移転型の契約というの
は、物や権利の移転を目的として締結される契約のことです。
移転型の契約としては、①贈与、②売買、③交換がありますが、
いずれの契約も物や権利の移転を目的としているという点は共
通しています。①贈与、②売買、③交換の順に、それぞれの契
約の特徴を説明します。

[図２－１－２]　移転型の典型契約

Ⓐ　贈　与
　贈与契約は、契約をする一方が契約の相手方に対して無償で
財産を与える契約のことです。無償で財産を移転する点がポイ
ントです。民法549条以下に贈与契約についての規定がおかれ
ています。
　[図２－１－３]（贈与契約）をご覧ください。この図では、
ＡさんがＢさんに「商品をただであげる」と言い（申込み）、
ＢさんがＡさんに「商品をただでもらいます」と言う（承諾）
ことで、贈与契約が成立しています。Ａさんのことを「贈与
者」といい、Ｂさんのことを「受贈者」といいます。この図
では、贈与の対象は「商品」になっていますが、贈与の対象は

必ずしも「商品」には限られません。身の回りの私物でもよい
ですし、現金でもよいですし、誰かに対する債権でもよいとさ
れています。

[図2－1－3] 贈与契約

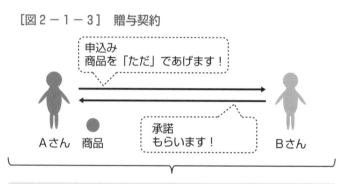

【民法（抜粋）】
（贈与）
第549条　贈与は、当事者の一方がある財産を無償で相手方に与
　　　　　える意思を表示し、相手方が受諾をすることによって、
　　　　　その効力を生ずる。

Ⓑ　売　買

　売買契約は、契約をする一方が契約の相手方に対して有償
（金銭）で財産を与える契約のことです。有償で財産を移転す
る点、対価が金銭である点がポイントです。民法555条以下に
売買契約についての規定がおかれています。

　[図2－1－4]（売買契約）をご覧ください。この図では、

AさんがBさんに「商品を10万円で売ります」と言い（申込み）、BさんがAさんに「商品を10万円で買います」と言う（承諾）ことで、売買契約が成立しています。Aさんのことを「売主」といい、Bさんのことを「買主」といいます。この図でも、AさんからBさんに移転する売買の対象は「商品」になっていますが、AさんからBさんに移転する財産は、贈与の場合と同様に、必ずしも「商品」である必要はありません。身の回りの私物でもよいですし、誰かに対する債権でもよいとされています。これに対して、売買の場合には、BさんからAさんに移転する財産は、現金である必要があります。

【民法（抜粋）】
（売買）
第555条　売買は、当事者の一方がある財産権を相手方に移転することを約し、相手方がこれに対してその代金を支払うことを約することによって、その効力を生ずる。

[図2－1－4]　売買契約

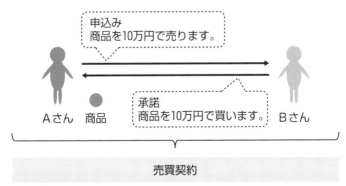

Ⓒ　交　換

交換契約は、契約をする一方が契約の相手方に対して有償（金銭の所有権以外）で財産を与える契約のことです。有償で財産を移転する点、対価が金銭の所有権以外である点がポイントです。売買の場合の対価は金銭でなければなりませんが、交換の場合の対価は金銭以外の財産でなければなりません。民法586条に交換契約についての規定がおかれています。

[図2－1－5]（交換契約）をご覧ください。この図では、AさんがBさんに「商品Aをあげます」と言い（申込み）、BさんがAさんに「代わりに商品Bをあげます」と言う（承諾）ことで、交換契約が成立しています。この図でも、AさんとBさんが移転し合う交換の対象は「商品」になっていますが、交換の場合も、売買や贈与と同様に、必ずしも「商品」には限られません。身の回りの私物でもよいですし、誰かに対する債権でもよいとされています。

【民法（抜粋）】

（交換）

第586条　交換は、当事者が互いに金銭の所有権以外の財産権を移転することを約することによって、その効力を生ずる。

　　2　当事者の一方が他の権利とともに金銭の所有権を移転することを約した場合におけるその金銭については、売買の代金に関する規定を準用する。

[図2-1-5] 交換契約

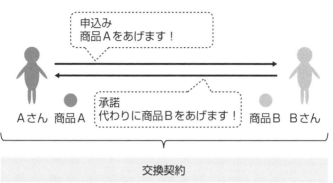

申込み
商品Aをあげます！

承諾
代わりに商品Bをあげます！

Aさん　商品A　　　　　　　　　　　　　　商品B　Bさん

交換契約

(3)　利用型の典型契約

　次に、利用型の契約についてです。利用型の契約というのは、物や権利を利用することを目的として締結される契約のことです。利用型の契約としては、①消費貸借、②使用貸借、③賃貸借がありますが、いずれの契約も物や権利の利用を目的としている点では共通しています。①消費貸借、②使用貸借、③賃貸借の順に、それぞれの契約の特徴を説明します。

[図2-1-6]　利用型の典型契約

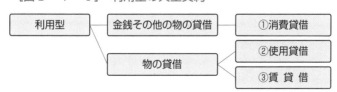

利用型	金銭その他の物の貸借	①消費貸借
	物の貸借	②使用貸借
		③賃 貸 借

Ⓐ 消費貸借

　消費貸借契約は、契約をする一方が契約の相手方に対して、種類、品質および数量の同じ物をもって返還をすることを約して相手方から金銭その他の物を受け取ることによって成立する契約のことです。借主が、受け取った物と、種類、品質および数量の同じ物をもって返還をすることがポイントです。民法587条以下に消費貸借契約についての規定がおかれています。

　［図２－１－７］（消費貸借契約）をご覧ください。この図では、AさんがBさんに「商品Aを渡します」と言って（申込み）、BさんがAさんに「商品Aと同種・同質・同量の商品Bを返します」と言う（承諾）ことで、消費貸借契約が成立しています。

【民法（抜粋）】

（書面でする消費貸借等）

第587条の２　前条の規定にかかわらず、書面でする消費貸借は、当事者の一方が金銭その他の物を引き渡すことを約し、相手方がその受け取った物と種類、品質及び数量の同じ物をもって返還をすることを約することによって、その効力を生ずる。

　　２　書面でする消費貸借の借主は、貸主から金銭その他の物を受け取るまで、契約の解除をすることができる。この場合において、貸主は、その契約の解除によって損害を受けたときは、借主に対し、その賠償を請求することができる。

　　３　書面でする消費貸借は、借主が貸主から金銭その他の物を受け取る前に当事者の一方が破産手続開始の決定を受けたときは、その効力を失う。

4　消費貸借がその内容を記録した電磁的記録によってさ
　　れたときは、その消費貸借は、書面によってされたもの
　　とみなして、前三項の規定を適用する。

[図2－1－7]　消費貸借契約

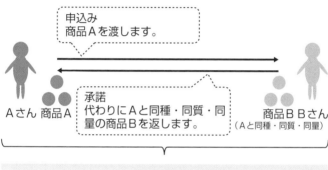

　Ａさん　商品Ａ

申込み
商品Ａを渡します。

承諾
代わりにＡと同種・同質・同
量の商品Ｂを返します。

商品Ｂ　Ｂさん
（Ａと同種・同質・同量）

消費貸借契約

⑧　使用貸借

　使用貸借契約は、契約をする一方が契約の相手方に対して、
ある物を無償で使用・収益した後に返還することを約して相手
方から物を受け取ることによって成立する契約のことです。借
主が、物を受け取ること、無償で物を使用した後に貸主にその
物を返還することがポイントです。民法593条以下に使用貸借
契約についての規定がおかれています。

　[図2－1－8]（使用貸借契約）をご覧ください。この図で
は、Ａさんが Ｂ さんに「商品 Ａ を無償で貸します」と言って
（申込み）、物を渡し、Ｂ さんが Ａ さんに「商品 Ａ を使用した
後に返します」と言う（承諾）ことで、使用貸借契約が成立し

ています。Aさんのことを「使用貸主」といい、Bさんのことを「使用借主」といいます。

【民法（抜粋）】

（使用貸借）

第593条　使用貸借は、当事者の一方がある物を引き渡すことを約し、相手方がその受け取った物について無償で使用及び収益をして契約が終了したときに返還をすることを約することによって、その効力を生ずる。

[図2−1−8]　使用貸借契約

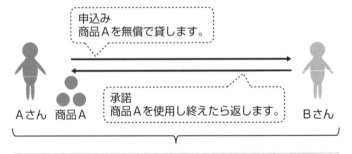

申込み
商品Aを無償で貸します。

承諾
商品Aを使用し終えたら返します。

Aさん　商品A　　　　　　　　　　　　　　Bさん

使用貸借契約

ⓒ　賃貸借

　賃貸借契約は、契約をする一方（借主）が契約の相手方（貸主）に対して、ある物を有償で使用・収益した後に返還することを約して相手方から物を受け取ることによって成立する契約のことです。借主が有償で物を使用した後に貸主にその物を返還する点がポイントです。民法601条以下に賃貸借契約につい

ての規定がおかれています。

［図2－1－9］（賃貸借契約）をご覧ください。この図では、Aさんが Bさんに「商品 A を有償で貸します」と言い（申込み）、Bさんが Aさんに「賃料として10万円を支払います。商品 A を使用し終えたら返します」と言う（承諾）ことで、賃貸借契約が成立しています。Aさんのことを「賃貸人」とか「貸主」といい、Bさんのことを「賃借人」とか「借主」といいます。

【民法（抜粋）】

（賃貸借）

第601条　賃貸借は、当事者の一方がある物の使用及び収益を相手方にさせることを約し、相手方がこれに対してその賃料を支払うこと及び引渡しを受けた物を契約が終了したときに返還することを約することによって、その効力を生ずる。

［図2－1－9］　賃貸借契約

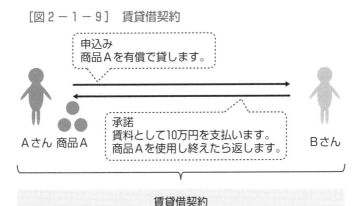

申込み
商品Aを有償で貸します。

承諾
賃料として10万円を支払います。
商品Aを使用し終えたら返します。

Aさん　商品A　　　　　　　　　　　　Bさん

賃貸借契約

⑷　労務型の典型契約

　続いて労務型の契約です。労務型の契約というのは、相手の労務を利用することを目的として締結される契約のことです。労務型の契約としては、①雇用、②請負、③委任、④寄託がありますが、いずれの契約も相手の労務の利用を目的としているという点で共通しています。①雇用、②請負、③委任、④寄託の順に、それぞれの契約の特徴を説明します。

［図2－1－10］　労務型の典型契約

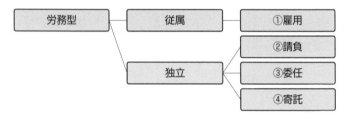

Ⓐ　雇　用

　雇用契約は、契約をする一方（労務者）が契約の相手方（使用者）に対して、有償で相手の労務に服することを約束することによって成立する契約のことです。労務者が使用者に対して従属する関係になる点がポイントです。民法623条以下に雇用契約に関する規定がおかれています。

　［図2－1－11］（雇用契約）をご覧ください。この図では、AさんがBさんに「労務を提供してくれたら10万円の報酬を支払います」と言い（申込み）、BさんがAさんに「労務を提供します」と言う（承諾）ことで、雇用契約が成立しています。

Aさんのことを「雇用主」とか「使用者」といったり、Bさんのことを「被用者」とか「労働者」といったりします。

【民法（抜粋）】

（雇用）

第623条　雇用は、当事者の一方が相手方に対して労働に従事することを約し、相手方がこれに対してその報酬を与えることを約することによって、その効力を生ずる。

[図2－1－11]　雇用契約

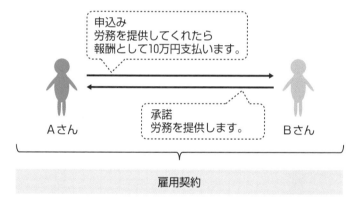

⒝　請　負

　請負契約は、契約をする一方（請負人）が契約の相手方（注文者）に対して、仕事を完成することを約して、注文者が請負人の仕事に対して報酬を支払うことを約束することによって成立する契約です。ポイントは請負人が注文者からは独立した地位で仕事の完成を目的として労務を提供する点です。民法632

条以下に請負契約に関する規定がおかれています。

　[図２－１－12]（請負契約）をご覧ください。この図では、Ａさんが Ｂ さんに「仕事を完成してくれたら10万円の報酬を支払います」と言い（申込み）、Ｂ さんが Ａ さんに「仕事を完成させます」と言う（承諾）ことで、請負契約が成立しています。Ａ さんのことを「注文者」といい、Ｂ さんのことを「請負人」といいます。

【民法（抜粋）】

（請負）

第632条　請負は、当事者の一方がある仕事を完成することを約
　　　　し、相手方がその仕事の結果に対してその報酬を支払う
　　　　ことを約することによって、その効力を生ずる。

[図２－１－12]　請負契約

ⓒ 委任

　委任契約は、契約をする一方（委任者）が契約の相手方（受任者）に対して、法律行為を行うことを委託し、相手方がこれを承諾することによって成立する契約です。ポイントは受任者が委任者からは独立した地位で法律行為を行う点です。民法643条以下に委任契約に関する規定がおかれています。

　[図2－1－13]（委任契約）をご覧ください。この図では、Aさんが Bさんに「法律行為を行ってください」と言い（申込み）、Bさんが Aさんに「法律行為を行います」と言う（承諾）ことで、委任契約が成立しています。Aさんのことを「委任者」といい、Bさんのことを「受任者」といいます。また、法律行為以外の事務を行うことを委託する場合には「準委任」になります（民法656条）。

【民法（抜粋）】

（委任）

第643条　委任は、当事者の一方が法律行為をすることを相手方に委託し、相手方がこれを承諾することによって、その効力を生ずる。

【民法（抜粋）】

（準委任）

第656条　この節の規定は、法律行為でない事務の委託について準用する。

[図 2 － 1 －13]　委任契約

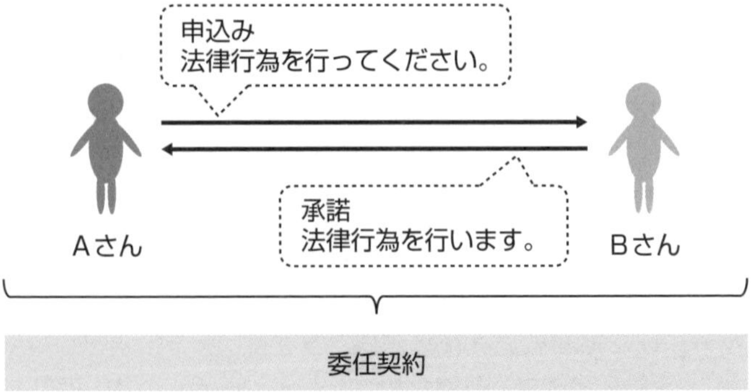

申込み
法律行為を行ってください。

Ａさん

承諾
法律行為を行います。

Ｂさん

委任契約

Ⓓ　寄　託

　寄託契約は、契約する一方（寄託者）が契約の相手方（受寄者）に対して、物の保管を依頼し、相手がこれに承諾することによって成立する契約です。ポイントは受寄者が寄託者から独立した地位で法律行為を行うことです。民法657条以下に寄託契約に関する規定がおかれています。

　[図 2 － 1 －14]（寄託契約）をご覧ください。この図では、Ａさんが B さんに「商品を保管してください」と言って（申込み）、Ｂさんが A さんに「商品を保管します」と言う（承諾）ことで、寄託契約が成立しています。Ａさんのことを「寄託者」といい、Ｂさんのことを「受寄者」といいます。

【民法（抜粋）】

（寄託）

第657条　寄託は、当事者の一方がある物を保管することを相手
　　　　　方に委託し、相手方がこれを承諾することによって、そ

の効力を生ずる。

[図2－1－14]　寄託契約

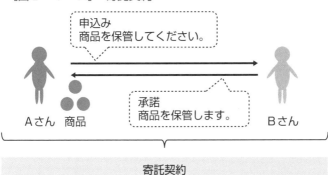

申込み
商品を保管してください。

承諾
商品を保管します。

Aさん　商品　　　　　　　　　　　　　　　Bさん

寄託契約

⑸　その他の典型契約

　最後に、その他の典型契約として、①組合、②終身定期金、③和解があります。順に説明します。

[図2－1－15]　その他の典型契約

その他

団体処理契約　―　①組　合

②終身定期金

紛争解決契約　―　③和　解

(A) 組 合

組合契約は、各当事者が出資して共同で事業を営むことを約して締結する契約です。民法667条以下に組合契約に関する規定がおかれています。

［図2－1－16］（組合契約）をご覧ください。この図は、AさんとBさんがおのおの出資をして、組合を設立して、共同事業を行おうとしているイメージ図です。AさんとBさんのことを「組合員」といいます。

【民法（抜粋）】

（組合契約）

第667条　組合契約は、各当事者が出資をして共同の事業を営むことを約することによって、その効力を生ずる。

　　2　出資は、労務をその目的とすることができる。

［図2－1－16］　組合契約

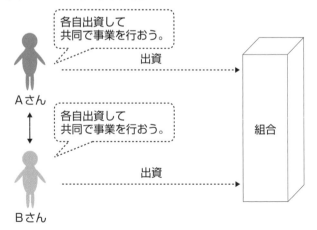

Ⓑ　終身定期金

　終身定期金契約は、契約する一方が契約の相手方に対して、自分、相手方または第三者が死ぬまで、定期的に金銭その他のものを相手方または第三者に対して給付し続けることを約束して成立する契約です。民法689条に規定されています。

　［図２－１－17］（終身定期金契約）をご覧いただければイメージができると思います。

［図２－１－17］　終身定期金契約

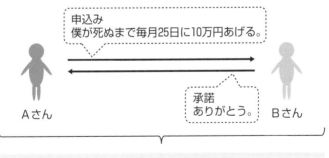

申込み
僕が死ぬまで毎月25日に10万円あげる。

Aさん

承諾
ありがとう。

Bさん

終身定期金契約

⒞ 和 解

和解契約は、契約の当事者双方が互いに譲歩して、争いをやめることを約する契約です。民法695条に規定があります。

［図２－１－18］（和解契約）をご覧いただければイメージができると思います。和解契約は、他の典型契約とは異なり、新たな法律関係をつくり出すことを目的とせず、すでに存在している法律関係に関する争いの解決を目的とする点に特色があります。日常生活の中では「示談」という言葉が使われることがありますが、法律上は「和解」という言葉が使われます。

【民法（抜粋）】

（和解）

第695条　和解は、当事者が互いに譲歩をしてその間に存する争いをやめることを約することによって、その効力を生ずる。

［図２－１－18］　和解契約

和解契約

2.

非典型契約

⑴　日常生活は契約なしでは語れない

　民法に規定されている13種類の典型契約は、世の中で一般的に頻繁に利用される契約を定型的に規定しているだけで、世の中には13種類の典型契約の枠に収まりきらない契約が溢れています。このように法律では規定されていない契約を「非典型契約」といいます。

　たとえば、読者の中には新聞を購読している方も多いと思いますが、毎朝あるいは毎朝毎夕に新聞が届くのは、新聞の購読契約を締結しているからです。また、学校や職場に通勤するのに交通機関を利用する方も多いと思いますが、私たちが電車や地下鉄やバスに乗ることができるのも、電車や地下鉄やバスの運送契約を締結しているからです。さらに、日々、携帯電話を利用している方がほとんどだと思いますが、私たちが携帯電話を利用することができるのも携帯電話キャリアと契約を締結しているからですし、インターネットを便利に利用できるのもインターネットサービスプロバイダと通信サービス契約を締結しているからです。

　私たちは、意識していようが、意識していまいが、日々の暮らしの中で、来る日も来る日も、非常に多くの非典型契約を締結しながら、過ごしているのです。

⑵　ビジネスの世界の非常に多くの非典型契約

これは、私生活だけではなく、ビジネスの世界でも同じです。

たとえば、自社で取り扱う商品を仕入れるのも取引業者との間で契約を締結しているからです。自社で取り扱う商品を販売するのも顧客との間で契約を締結しているからです。商品の仕入れや販売は典型契約である売買契約が基本となってはいますが、取引条件や取引態様によっては売買契約の枠に収まらない契約も多数存在しています。

ビジネスの世界は非常に複雑です。典型契約の枠内には収まらないたくさんの契約が存在しており、契約者や事業者は毎日のように契約を締結しながら、企業や事業を運営しているのです。

⑶　よく目にする非典型契約

どのような内容の契約を締結するかは契約自由の原則によって契約当事者が自由に定められます。そのため、非典型契約の種類は多様です。

たとえば、インターネットプロバイダとのインターネット利用契約、旅行会社で旅行を申し込んだ場合の旅行契約、ホテルに宿泊したときの宿泊契約、書籍を出版する場合の出版契約、テレビに出演するときの出演契約、プロダクションにマネジメントを依頼する場合のマネジメント契約など、非典型契約の例は枚挙に暇がありません。

民法が制定されたのは1896年（明治29年）のことです。民法に規定された13種類の典型契約はその当時からよく行われていた契約を類型化したもので、その後の世の中の変化のすべてに

対応できているわけではありません。世の中の文化、技術、価値、取引上のアイデア等は、日々刻々と進歩していきますので、その進歩に応じて、新しい取引形態が営まれています。非典型契約は無数にあるので、世の中に存在しうるすべての非典型契約を紹介することは、不可能です。

　そこで、ここでは、ビジネスの世界で目にする機会が多い「ライセンス契約」「フランチャイズ契約」「リース契約」について簡単に説明するにとどめます。

Ⓐ　ライセンス契約

　ライセンス契約は、一般的には、著作権や商標権などの知的財産権等を相手に利用させることを約束し、相手は利用の対価を支払うことを骨格として成立する契約です。知的財産権等の権利を保有しており利用を許諾する側を「ライセンサー」といい、ライセンサーからの許諾を受けて知的財産権等の権利を利用する側を「ライセンシー」といいます。

　ライセンス契約については、それだけで１冊の本が出ているくらいなので、ここでは、詳しくは説明しませんが、ライセンサーとライセンシーのそれぞれの立場の強弱や思惑に基づき、さまざまな内容の契約が存在しています。

［図２－２－１］　ライセンス契約

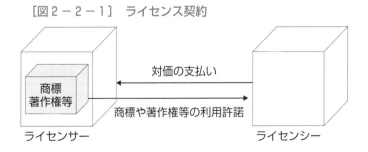

対価の支払い

商標
著作権等

商標や著作権等の利用許諾

ライセンサー　　　　　　　　　　　　　　　ライセンシー

Ⓑ　フランチャイズ契約

　フランチャイズ契約は、商標権等の権利を保有し、経営や事業運営のノウハウをもっている本部（「フランチャイザー」といいます）が、加盟店（「フランチャイジー」といいます）に対して、一定の地域内で、フランチャイザーの商標やノウハウを用いて店舗や事業の運営を行う権利を付与し、フランチャイジーがフランチャイザーに対してその対価を支払うことを骨格として締結される契約のことをいいます。

　フランチャイズ契約には、賃貸借契約や売買契約の内容が含まれている場合も多いので、契約条項の解釈については、賃貸借契約や売買契約に関する民法の規定が参考にされたりします。

[図2-2-2]　フランチャイズ契約

対価の支払い

商標やノウハウ等の提供

商標ノウハウ等

フランチャイザー　　　　　　　　　　　　フランチャイジー

Ⓒ　リース契約

　リース取引は、機械・設備その他の物件を利用しようとする企業等（「ユーザー」といいます）が、その物件をメーカーなどの供給者（「サプライヤー」といいます）から調達する際に、リース会社がそれをユーザーに代わって調達し、リース会社とユーザーとのリース契約に基づき、一定期間にわたって、リース会社がユーザーに賃貸借するという形で行われる取引です。

リース契約には、賃貸借契約と同様の内容が含まれている場合も多いので、契約条項の解釈については、賃貸借契約に関する民法の規定が参考にされたりします。

[図2－2－3] リース契約

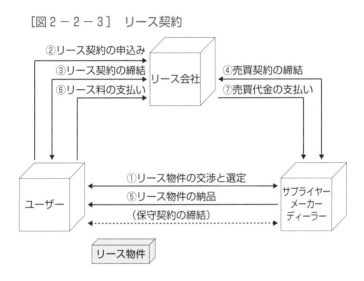

Ⓓ 販売代理店契約

販売代理店契約は、ある事業者が製造販売する商品について、他の事業者をその販売店として指名するために締結する契約です。販売代理店契約には多くの誤解があります。世間的に販売代理店契約といわれている契約には、大きく2つの類型があるのですが、それらが明確に区別されず「販売代理店契約」と一括りにされていることが、誤解を招いています。2つの類型というのは「販売店契約」と「代理店契約」です。それぞれの内容を説明します。

[図2-2-4]（販売店契約）をご覧ください。これは販売店契約のスキーム図です。商品を製造販売する委託者Aが、販売活動を担当する受託者Bとの間で販売店契約を締結します。AとBとの間の契約の実質は売買契約なので、民法の売買に関する規定を参照しつつ、契約書の作成や審査を行う必要があります。

[図2-2-4] 販売店契約

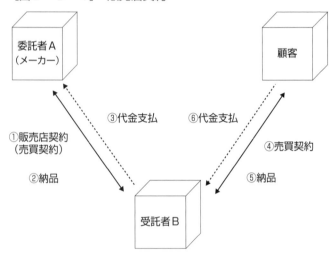

[図2-2-5]（代理店契約①）と[図2-2-6]（代理店契約②）が代理店契約のスキーム図です。2つ類型を用意したのは、受託者Bがどこから対価を得るかによって、2つの類型に分かれるからです。

[図2-2-5]は顧客からの代金の回収は委託者Aが行い、委託者Aが受託者Bに対して手数料を支払う場合のスキーム

です。他方で、［図２−２−６］は、顧客からの代金の回収を受託者Bが行い、受託者Bが自分の手数料を差し引いたうえで、残金を委託者Aに支払う場合のスキームです。

　受託者Bの手数料を誰から、どのような形で受領するかによって区別して、契約書に整理することが大事なのですが、ここを混同し、整理しきれずに混乱している契約書をよく目にしますので、注意してください。

　なお、代理店契約の実質は業務委託なので、民法の請負や委任等の労務提供型の規定を参考にしつつ、契約書の作成や審査を行う必要があります。

［図２−２−５］　代理店契約①

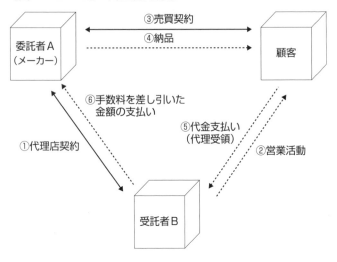

[図2－2－6] 代理店契約②

このように、準拠すべき規定が移転型の売買契約なのか、労務提供型の請負契約や委任契約なのか、大きな違いがあるにもかかわらず「販売代理店契約」という名称で、一括りで扱われていることが、混乱を招いています。そのため、契約書の作成や審査にあたり販売代理店契約というタイトルを目にした場合には、販売店契約なのか、代理店契約なのか、注意深く内容を確認する必要があります。なお、大まかな内容の違いについては［図2－2－7］（販売店契約と代理店契約）にまとめましたので、参考にしてください。

	概要	販売店契約	代理店契約
1	売買契約の当事者	メーカーと販売店 販売店と顧客	メーカーと顧客
2	顧客への販売価格	販売店が決定	メーカーが決定
3	在庫リスクの負担	販売店が負担	メーカーが負担
4	顧客とのトラブル	販売店が対応	メーカーが対応
5	手数料	販売店が顧客から 転売差益を取得	代理店がメーカー から手数料を取得
			代理店が顧客から 回収した代金から 手数料を取得

（E）　業務委託契約

　業務委託契約は、自分の業務を他の事業者に委託するために締結する契約です。委託する業務の内容によってさまざまなものがあり、使用される頻度の高い契約類型の１つです。業務委託契約にも、大きく２つの類型があるのですが、それを明確に区別しないまま契約を締結してしまうと、後に大きなトラブルを招きかねません。

　２つの類型というのは「請負型」と「委任／準委任型」です。各契約内容の違いについては［図２－２－８］（請負と委任／準委任）にまとめましたので、ご覧ください。

　業務委託契約が、「請負型」と「委任／準委任型」のいずれに該当するかは、契約書に記載されている契約目的の文言や委託業務の具体的な内容等をみなければ判断がつきません。委託される業務の内容が、一定の成果物（目的物）の完成をめざす

ものである場合は「請負型」になり、契約書の解釈においても、請負契約に関する民法の規定が参考にされます。

他方で、委託される業務の内容が、一定の事務の遂行の場合には「委任／準委任型」になり、契約書の解釈においては、委任に関する民法の規定が参考にされます。なお、委任と準委任の違いは、業務内容が法律行為の場合には委任契約になりますが、法律行為ではない単なる事務の委任の場合には準委任契約になります（民法656条）。

実際には、両方の性質が混在している場合もあるため、悩ましいことも多いのですが、契約書の作成や審査の前提としては「業務委託契約」のタイトルが記載されていたとしても、大きく性質の異なる2種類の契約が存在しうることを前提に、作成や審査を進める必要があるので注意してください。

[図2－2－8] 請負と委任／準委任

	項目	請負型	委任／準委任型
1	目的	目的物の完成	業務の遂行
2	完成責任	あり	なし
3	報酬請求	仕事の完成後に報酬請求権が発生（民法633条）	特約があれば業務の遂行により報酬請求権が発生する（民法648条）
4	責任	契約不適合責任 (1)追完請求権 (2)報酬減額請求権 (3)契約解除権 (4)損害賠償請求権	善管注意義務 (1)契約解除権 (2)損害賠償請求権

5	解除	注文者は請負人の仕事完成前はいつでも損害を賠償して解除できる（民法641条）	各当事者はいつでも契約を解除できる（民法651条1項）
6	印紙	必要 （2号文書・7号文書）	不要 （ただし、販売の委任の場合には7号文書に該当する場合がある。また無体財産権の譲渡に関する規定がある場合には1号文書に該当する場合もある）

⑷　非典型契約を作成・解釈する際のポイント

　これらの非典型契約を活用する際のポイントがあります。それは、典型契約に関する民法の規定を手がかりにするということです。私も日々多くの非典型契約の契約書を作成したり、修正したり、確認したりしていますが、その際には、非典型契約に規定されている契約条項の主な給付内容や契約条件と比較的近い典型契約の規定を参考にしながら、これらの業務を進めていきます。

　たとえば、「ライセンス契約」は、権利者であるライセンサーが、利用者であるライセンシーに権利の利用を許諾し、その利用の対価の支払いを受けるという意味では、利用型の契約です。そして、利用型の契約の中でも、権利者が権利の利用を許諾し、その対価として一定の金銭等を得るという構造は、典型契約の1つである民法に規定のある賃貸借契約に類似しています。そこで、ライセンス契約の作成や解釈の際には、民法の賃

貸借契約に関する規定を参考にしながら作業が進められていくことになります。

　また、「フランチャイズ契約」では、フランチャイザーがフランチャイジーに対して「フランチャイズ・パッケージ」を提供して、その対価を得るという性格も含まれています。これは典型契約の1つである民法の売買契約に類似しています。そのため、フランチャイズ契約の作成や解釈の際には、売買契約に類似する部分については、民法の売買契約に関する規定を参考にしながら作業が進められていきます。

　このように、契約書の作成や解釈において、実務上は、典型契約の内容と法律の規定を理解したうえで、世の中の進歩によって生まれてくるさまざまな取引形態に対応していくことが必要になってくるのです。

3. 全体のフレーム

　ここでは「基本フレーム」の中身をみていきましょう。

　[図2－3－1]（全体のフレーム）をご覧ください。ここに記載されているように、多くの契約書は、契約書の「タイトル」から始まって、誰と誰の契約かがわかるような「前文」が続いて、第1条から始まる契約内容の各条項があって、契約書の正本を何通つくって……という「後文」があって、最後に「作成日付」や「署名」があるのが一般的な「型」になっています。

　契約書の書き方や読み方をマスターするためにも、多くの契約書に共通するこの基本的なフレームを理解してください。

　以下、順に説明します。

［図2－3－1］　全体のフレーム

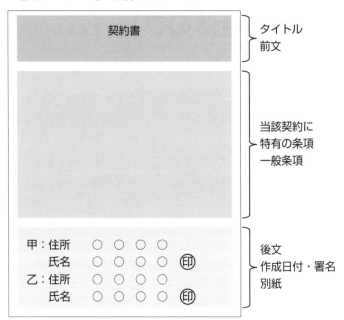

契約書
タイトル
前文

当該契約に
特有の条項
一般条項

甲：住所　○　○　○　○
　　氏名　○　○　○　○　㊞
乙：住所　○　○　○　○
　　氏名　○　○　○　○　㊞

後文
作成日付・署名
別紙

4. 基本フレーム② タイトル

(1) タイトルのつけ方

　多くの契約書には冒頭にタイトルがつけられています。この契約書のタイトルはどのように決められるのでしょうか。結論をいえば、契約の当事者が合意すれば、どのようなタイトルであってもかまいません。ただ、通常は、売買契約に関する契約書であれば「売買契約書」、不動産の賃貸借契約に関する契約書であれば「不動産賃貸借契約書」などといった形で、契約書の内容を端的に表すタイトルがつけられます。

　しかし、世の中で行われている取引は複雑で、民法に規定されている13種類の典型契約以外の契約もたくさん存在しています。また、1通の契約書の中に、複数の契約内容が含まれていることもあります。規定内容が複雑だったり、規定内容が広範だったりする場合には、「○○契約書」という形で端的に契約のタイトルに表現しきれないことも往々にして存在します。そのような場合には、単に「契約書」「覚書」「合意書」のようにシンプルな表現にするとよいと思います。

(2) タイトルの役割

　当事者が細部まで詰めきれずに契約書に細かい規定が記載されていない契約書を目にすることがあります。このような場合には、各契約類型に応じて、民法が定めている13種類の典型契

約の規定を補充的に適用することになります。

そのため、契約書で「売買契約書」とタイトルに記載されていれば、契約書に規定されていない事柄については、民法の売買に関する規定（民法第3編「債権」の第2章「契約」第3節「売買」の規定／民法555条〜585条）が補充的に適用されることが明確になります。

また、契約書で「請負契約書」とタイトルに記載されていれば、契約書に規定されていない事柄については、民法の請負に関する規定（民法第3編「債権」の第2章「契約」第9節「請負」の規定／民法632条〜642条）が補充的に適用されることが明確になります。

契約書のタイトルにはこのような役割があります。

ちなみに、以前、「印紙税の課税を免れるために実際の契約内容と異なるタイトルをつけたらどうなるか」という相談を受けたことがあります。たとえば、請負契約書であれば、請負代金の割合に応じて印紙税の額が変わってしまうので、実際には請負契約の内容であるにもかかわらず、一律4000円の印紙の貼付で済む「取引基本契約書」といったタイトルを用いようとしていたのです。

しかし、印紙税が課税されるかどうかは、契約書の実際の内容に基づいて判断されるので、タイトルだけつけ替えたらよいという話ではありません。タイトルが「取引基本契約書」となっていても、内容が「請負契約」であれば、その契約書は「請負契約書」と判断されてしまいます。

ですので、このような小手先のテクニックを講ずるのではなく、契約書を作成する本質的な目的である「紛争の予防」と「紛争の解決」といった観点から、契約内容に沿った最適なタ

イトルをつけることが大切だと思います。

[図2－4－1]　タイトルの役割

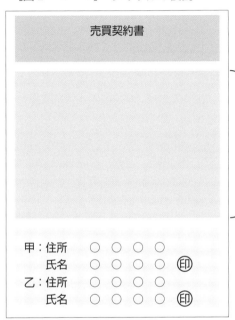

売買契約に関する
条項

↓

タイトルが
「売買契約書」と
なっている。

↓

規定されていない
ことについては民
法の売買に関する
規定が補充的に適
用される。

5.

基本フレーム③

前　文

⑴　誰と誰の契約か

　契約書のタイトルの次にくるのが「前文」とよばれる部分です。

　【サンプル２－５－１】と【サンプル２－５－２】をご覧ください。いずれも「前文」の記載例ですが、これらの記載例のように、前文には、その契約書の契約当事者が誰かが明示されます。契約書は当事者の権利や義務の内容を画するものなので、この契約書によって権利や義務を負う当事者は誰かを前文の記載で明らかにするのです。

　そして、契約書には、当事者の権利や義務が規定されるので、その後の条項の表記の中で、当事者が頻繁に登場することになります。当事者が出てくるたびに当事者の名称を記載していたのでは、契約書が長くなってしまうし、読んでいてもわかりづらくなります。そのため、【サンプル２－５－１】のように「〇〇〇〇株式会社（以下「Ａ」という）」とか「△△△△株式会社（以下「Ｂ」という）」などとして、略語を用いて、表記の置き換えを行います。

　また、契約の締結は、二者間だけで行うものとは限りません。場合によって三者間で行う場合もあるので、その場合には【サンプル２－５－２】のように契約当事者のすべてが前文に記載されることになります。

【サンプル２－５－１】　前文──当事者①

> ○○○○株式会社（以下「A」という）と△△△△株式会社（以下「B」という）は、本日、以下のとおり合意し、○○契約書（以下「本契約」という）を締結する。

【サンプル２－５－２】　前文──当事者②

> ○○○○株式会社（以下「A」という）と△△△△株式会社（以下「B」という）及び□□□□（以下「C」という）は、本日、以下のとおり合意し、○○契約書（以下「本契約」という）を締結する。

⑵　どちらの当事者を先に書くべきか

　二者間の契約書の場合に、どちらの当事者を先に書くべきかについて悩む場合もあると思いますが、この点に関する決まりはありません。結論としてはどちらを最初に記載しても、法的に問題はありません。ただ、売買契約の場合には、売主を最初に記載したり、賃貸借契約の場合には貸主を先に記載したりするのが一般的です。そのほうが、その後の条項の記載がしやすいからです。

⑶　何のための契約か

　前文には契約の当事者以外にも契約の内容や契約を締結する目的が記載されることもあります。タイトルとあわせて、前文にこのような記載を行うことで、何のために契約を締結するのか、契約当事者が確認する意味をもつことになります。

【サンプル2−5−3】 前文──契約の目的

> ○○○○株式会社（以下「A」という）と△△△△△株式会社（以下「B」という）は、○○○○を効果的に実施する目的で、本日、以下のとおり合意し、○○契約書（以下「本契約」という）を締結する。

⑷ 前文の法的意味

　前文もタイトルの後に記載されるので、契約書の一部として当事者を拘束することになります。前文にはあまり詳細な規定がされないことが多いので、当事者を具体的に義務づけるまでには至らないことが多いと思いますが、契約書の各条項を解釈する際の指針になる場合があるので、適切な内容を定めてください。

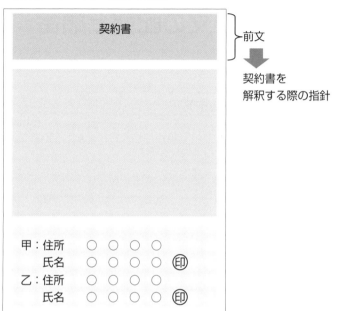

6.

基本フレーム④

条文の配列と順番

⑴ 条文の配列の決定方法

　一般的には基本的で重要な事項から順番に記載していくことが望ましいといわれています。

　たとえば、売買契約であれば、売主が買主に物を売って、買主が売主に代金を支払うという基本的な内容を先に記載し、次に、代金の額、支払時期、場所などを記載し、契約に違反したときの条項、裁判の合意管轄に関する条項などの順に記載していくといった流れになります。

⑵ ページ番号を記載する

　また、契約書が複数ページにわたる場合には、ページの落丁を防ぐためにも各ページに通し番号を記載してください。ただし、ページ番号が記載されていなかったとしても、契約は立派に成立し、有効に存続します。

[図2-6-1] 条項の記載順

契約書

各条項

基本的で重要なものから順に記載していく

甲：住所 ○ ○ ○ ○
　　氏名 ○ ○ ○ ○ 印
乙：住所 ○ ○ ○ ○
　　氏名 ○ ○ ○ ○ 印

7.

契約書の記載表現

(1) 曖昧な表現がトラブルを招く

　契約書を作成する目的は「紛争の予防」と「紛争の解決」です。特に「紛争の予防」の観点からは、誰が読んだとしても当事者間で合意した内容が一義的に明確になっている必要があります。読む人によって解釈が異なってしまうのでは、契約書として残しておく意味がありません。万が一、当事者の一方に契約違反があった場合に、そのような契約書であれば、契約をめぐるトラブルや紛争を裁判所に持ち込んだとしても、「紛争の解決」にはつながりません。そのため、契約書を作成する際には、曖昧な表現や、誤解を招く表現をしないようにする必要があります。

　稀に、弁護士がつくったという契約書であっても、曖昧で不明瞭な表現が使われている契約書に出会うことがあります。弁護士が作成したにもかかわらず、契約書の文言が曖昧で不明瞭な内容になっていたため、契約内容について契約当事者間でトラブルや紛争の種になってしまっているケースがあります。信じられないような話ですが、実際にある話です。これだと、何のために弁護士に依頼して契約書を作成したのかがわからなくなってしまいます。そのため、契約書の作成を依頼する際には、紛争処理対応の経験が豊富な、また、特殊な業界では業界慣行や業界のルールにも精通した弁護士に依頼して、契約書の作成

やレビューを行うことが大切です。

⑵　通用する日本語を用いて記載すること

　また、そもそも、日本語として成り立っていないような契約書に出くわすことがあります。その多くは主語と述語が対応していないことが原因になっています。原則として１つの文章には、主語と述語は１つにして、主語と述語の対応関係を意識しながら記載する必要があります。また、５Ｗ１Ｈも意識するようにしてください。５Ｗ１Ｈ、すなわち、誰が、いつ、どこで、誰に対して、何を、どのようにということを明確にして記載していくと、意味を正確に表現することができます。誰が読んでも一義的に明確な文章を記載することは容易ではありません。裁判実務上はどんなに精緻に作成された契約書であっても契約書の記載文言の解釈が争われることがあります。

　重要な契約書については、複数の目でみて、規定内容が明瞭か、誤解を招く表現がないかと確認することが有益です。

⑶　対象を特定すること

　契約書の中に記載される物、権利、他の契約の特定がされているかも重要な要素です。契約書に基づいて、不動産登記をしたり強制執行をしたりする場合がありますが、その場合には権利や義務、対象物が特定されていないと手続がスムーズに進まないので注意が必要です。「不動産」「動産」「債権」のそれぞれを特定する際の注意点について、順に説明します。

　Ⓐ　不動産の特定

　まず、不動産についてです。不動産の場合には登記記録の表示に従って記載します。土地の場合には「所在」「地番」「地

目」「地積」を記載し、建物については「所在」「家屋番号」「種類」「構造」「床面積」を記載して特定します。敷地権の登記がされている区分所有建物の場合にも登記記録の表示に従って「一棟の建物の表示」「専有部分の表示」「敷地権の表示」を記載します。また、敷地権の登記がされていない区分所有建物の場合には「一棟の建物の表示」「専有部分の表示」をするほか、土地（敷地部分）については、敷地の登記記録の表示に従って「所在」「地番」「地目」「地積」を記載し、当該敷地の持分を記載するといった方法になります。

⒝　動産の特定

次に、動産についてです。動産の場合には、物件の品名、型番、種類などで特定します。たとえば、登録自動車の場合には「登録番号」「車名」「型式」「車体番号」「原動機の型式」等を記載して特定します。

⒞　債権の特定

続いて、債権についてです。債権の場合には、発生原因、当事者、対象物、権利の種類などの順番で特定します。特許権や商標権などのように登録がされている権利の場合には、登録情報に基づいて記載します。たとえば、特許権の場合には「特許登録番号」「登録名義人」「登録年月日」「発明の名称」を記載します。商標権の場合には「登録番号」「指定商品又は指定役務」「商品又は役務の区分」を記載して特定します。

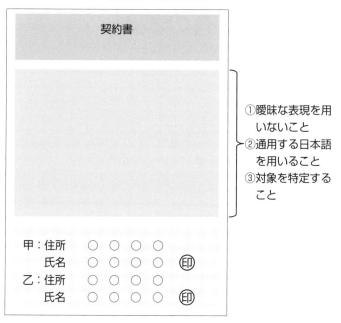

いずれにしても不動産・動産・権利などの対象の特定が十分になされているか否かについては法律的な知識が必要になるので、弁護士等の専門家に相談したうえで記載内容が必要かつ十分かを確認してください。

8.

基本フレーム⑥

特有の表現

(1)　甲・乙・丙

　契約書の中では、契約当事者を「甲」「乙」「丙」といった表記で書き表すことが多くあります。通常は、甲・乙・丙くらいまでが多いと思いますが、甲・乙・丙の後は「丁」「戊」「己」「庚」「辛」「壬」「癸」と10個まで続いていきます。漢字1文字だと記載間違いや、読み間違いも生じやすいので、あえて略さずに、賃貸借契約の賃貸人を「貸主」、賃借人を「借主」などの表記で記載したり、ライセンス契約においてライセンスを提供する側を「ライセンサー」、ライセンスを受ける側を「ライセンシー」と表記する場合もあります。決まったルールはないので、契約当事者が明確で、統一して記載されていれば問題はありません。

(2)　条・項・号・章

　番号をつける場合には、法令を記載する場合のルールに準じて、「条」「項」「号」の順番で付していきます。数十条や百条に及ぶ契約のような場合には「条」の前に「章」を設けることもあります。「条」については「第1条」「第2条」「第3条」……と表記していきます。「項」については「1」「2」「3」……と記載していく例が多く、「号」については「①」「②」「③」……と記載していく例が多いです。よく「項」なのに

「号」の番号が付されていたり、「号」なのに「項」の番号が付されていたりする契約書をみることがありますが、同じ契約書の中では、しっかりとルール決めをして、そのルールに従って「条」「項」「号」を記載していくことが必要です。

(3) 柱書

［図２−８−１］（柱書）をご覧ください。柱書というのは、条文の中に「号」とよばれる箇条書きで項目を列挙した記述がある場合の同条項の「号」以外の部分のことです。

［図２−８−１］　柱　書

第○条（期限の利益の喪失）

乙に、以下の各号に規定する事情が生じた場合には、乙は甲からの通知催告がなくとも当然に期限の利益を失い、直ちに、残債務全額を一括して支払わなければならない。｝柱書

① 乙が個別契約に基づく本件商品の代金の支払いを行わないとき
② 乙が振り出し、引受、又は裏書した約束手形・為替手形・小切手が不渡りになったとき
③ 乙が銀行取引停止処分を受けたとき
④ 乙に対して、競売、差押え、仮差押え、又は仮処分の申立てがなされたとき
⑤ 乙が、破産手続開始、民事再生手続開始、会社更生手続開始、特別清算手続開始の申立てを行い、又はこれらの申立てを受けたとき
⑥ 乙の信用及び資力が悪化したと甲が認めるとき
⑦ そのほか、本契約に定める各条項に違反したとき

⑷ 但 書

[図2−8−2]（但書）をご覧ください。但書というのは、「但し」や「ただし」の語を書き出しにして、前文や本文の内容などについての説明・条件・例外などを書き添えた文のことをいいます。

[図2−8−2] 但 書

第○条（有効期間）

本契約の有効期間は、本契約締結日から令和○年○月○日までとする。ただし期間満了の1か月前までに甲又は乙のいずれからも終了の意思表示が無い場合には、本契約は自動的に更新されるものとし、以後も同様とする。｝但書

⑸ 並びに・及び

2つ以上のものを並列で並べるときに「及び」「並びに」という接続詞を使用します。大きいものを並べる場合には「並びに」を用い、小さいものを並べる場合には「及び」を使います。

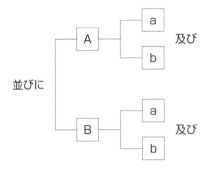

⑹　又は・若しくは

　２つ以上のものを選択的に並べるときに「又は」「若しくは」という接続詞を使用します。大きいものを並べる場合には「又は」を用い、小さいものを並べる場合には「若しくは」を使います。

［図２－８－４］　又は／若しくは

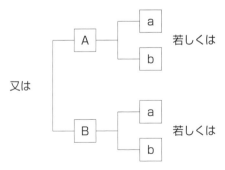

⑺ 場合・とき・時

契約書の条項の中で「場合」「とき」「時」は混同しがちな法律用語です。理解せずに使用されている契約書を目にする機会も多いのですが、一般的には以下のように整理できますので、ご確認ください。

[図2-8-5] 場合／とき／時

	用語	意味
1	～場合／～とき	仮定的な条件定める場合
2	～時	時点

まず、「時」ですが、「時」は時間的な一瞬を指す言葉です。まさにその瞬間、その時点をピンポイントで指します。たとえば、会社法215条4項に「4　前三項の規定にかかわらず、公開会社でない株券発行会社は、株主から請求がある時までは、これらの規定の株券を発行しないことができる」と規定されていますが、これは時点を示しています。

次に、「場合」と「とき」は、いずれも仮定的な条件を定める際に使用します。どちらを使用しても問題ありません。ただ、「場合」のほうが最初の仮定的な条件を意味しますので、仮定的な条件が重なる場合には、最初に「場合」を用いて、次に「とき」を使うと考えてください。たとえば、会社法247条には「場合」と「とき」が出てきますが、最初の段階の仮定の条件に「場合」を用いて、次の段階の仮定の条件に「とき」を用いています。

【会社法（抜粋）】

第247条　次に掲げる場合において、株主が不利益を受けるおそ
　　　　れがあるときは、株主は、株式会社に対し、第238条第1
　　　　項の募集に係る新株予約権の発行をやめることを請求す
　　　　ることができる。

　一　当該新株予約権の発行が法令又は定款に違反する場合
　二　当該新株予約権の発行が著しく不公正な方法により行
　　　われる場合

⑻　することができる・することができない

　条文の末尾に着目すると、そこにも紛らわしい表現がでてき
ます。順に確認していきます。「〜することができる」ですが、
よく2つの場面で使われます。

　1つ目は、一定の行為をするかしないかの裁量権が付与され
ている場合です。してもしなくてもよいし、どっちも選択する
ことができます。もう1つは、一定の行為をする権利または能
力が浮揚された状態を示す場合です。いずれも英単語に置き換
えると「CAN」が近い意味になります。

　そして、一定の行為をする権利または能力がないことを示す
場合には「〜することはできない」と規定することになります。

[図2－8－6] することができる／することができない

	用語	意味
1	〜することができる	(1) 一定の行為をするかしないか裁量権を付与する場合 (2) 一定の行為をする権利または能力を付与する場合
2	〜することはできない	一定の行為をする権利または能力がないことを示す場合

(9)　しなければならない・するものとする

よく見かけるのは「〜しなければならない」「〜するものとする」という語尾です。いずれも作為義務が課せられている場合を示します。どちらかというと「〜しなければならない」に比べると、「〜するものとする」の方が義務の程度は弱いニュアンスがありますが、いずれも義務であることに違いはありません。ただ「〜するものとする」とした場合には、取扱いの原則や方針を示すだけの意味の場合も含まれますので、解釈に曖昧な点が残ります。そのため、誤解を招きかねない場面では「〜するものとする」は用いないほうが無難です。

[図2－8－7] しなければならない／するものとする

	用語	意味
1	〜しなければならない	〜することが作為義務（≒MUST）
2	〜するものとする	(1) 〜することが作為義務 （≒MUST／少し弱め） (2) 原則や方針を示す (3) 念のため確認する

⑩　してはならない・してはならないものとする

「～してはならない」「～してはならないものとする」という語尾も見かけますが、こちらはいずれも不作為義務が課せられている場合を示します。「～してはならないものとする」にも「～するものとする」と同様に曖昧な点が残ることと、くどいし、わかりづらいので用いないほうが無難です。

[図2－8－8]　してはならない／してはならないものとする

	用語	意味
1	～してはならない	不作為義務
2	～してはならないものとする	⑴　不作為義務（少し弱め） ⑵　念のため確認する

⑪　努めなければならない・努めるものとする

「～努めなければならない」「～努めるものとする」という語尾も見かけます。いずれも努力義務なので、それを怠ったとしても直ちに債務不履行責任が発生しうるものではありません。

[図2－8－9]　努めなければならない／努めるものとする

	用語	意味
1	〜努めなければならない	強い努力義務
2	〜努めるものとする	弱い努力義務 （努力することを原則や方針とする場合）

⑿　みなす・推定する

「〜とみなす」「〜と推定する」という語尾も注意が必要です。両者の違いは反証の余地を残すか否かです。「みなす」の場合には反証の余地を残さないのに対し、「推定する」の場合には反証の余地を残します。たとえば、「夏に収穫した緑の野菜はピーマンとみなす」とした場合には、反証の余地はなく、すべてピーマンとして取り扱われることになりますが、「夏に収穫した緑の野菜はピーマンと推定する」とした場合には、夏に収穫した野菜がきゅうりだったときには、覆る可能性があります。

[図2－8－10]　みなす／推定する

	用語	意味
1	〜とみなす	〜として取り扱う （反証の余地なし）
2	〜と推定する	（ほとんどの場合では）〜として取り扱う （反証の余地あり）

⒀ 適用する・準用する

　法令や条項について「適用する」としている場合と、「準用する」としている場合があります。それぞれ違いがありますので、注意が必要です。すなわち、「〜を適用する」の場合には、「〜」の規定を、類似する他の場面にそのままあてはめて使用することになります。他方で、「〜を準用する」の場合には「〜」の規定を類似する他の場面で必要な修正をしたうえで使用することになります。

⒁ 直ちに・速やかに・遅滞なく

　時間的な間隔を示す言葉として「直ちに」「速やかに」「遅滞なく」という言葉があります。早い順に示すと「直ちに＞速やかに＞遅滞なく」となります。読み手の感覚によって解釈の幅がでてしまうので、あえてぼやかしておく必要がない場合には「〇日以内に」「〇営業日以内」という形で明確にしておいたほうがよいと思います。

⒂ 者・物・もの

　単に「もの」と記載されている場合には注意が必要です。「もの」という音で示される意味合いには３つがありますので、区別が必要です。

[図 2 - 8 -11] 者／物／もの

	用語	意味
1	者	法人格のある自然人や法人
2	物	形のある物体や物件
3	もの	「者」や「物」以外

⒃ その他・その他の

「その他」「その他の」の使用方法にも区別が必要です。「その他」は並列関係になります。すなわち、「A、B、C、その他D」とした場合に「A」「B」「C」「D」は並列です。

他方で、「その他の」は包含関係になります。「A、B、C、その他のD」となった場合に「A」「B」「C」は「D」に含まれることになります。

⒄ から・より

「AからBに通知する」という場合に、「から」は起点として用いられることになります。「AがBに通知する」という意味です。この場合に「AよりBに通知する」と記載される場合がありますが、これは正確ではありません。「より」は「AよりBの方が素晴らしい」といった形で、起点ではなく、比較の意味合いで用いられます。

⒅ 通知する・書面で通知する・事前に通知する・事前に書面で通知する

　契約書では微妙なニュアンスを正確に記載する必要があります。たとえば、通知に関して、単に「通知する」とした場合には、事前でも事後でもよいから通知さえすればよいことになります。「書面で通知する」とした場合には、方法は書面で行う必要がありますが、時期は事前でも事後でもよいことになります。

　「事前に通知する」とした場合には、事前に通知すれば、口頭でも書面でも方法は何でもよいことになります。「事前に通知する」だけでは、「言った」「言わない」の問題が残るため、「事前に書面で通知する」という形で、時期と方法を特定しておいたほうが、疑義を生じないということになります。

　これと同様のことは「承諾を得たうえで」という文言の適用場面でも生じますので、同様の観点から確認して疑義が残らないようにしてください。

⒆ 協議する・協議したうえで決定する

　重要な事柄を決定せずに「協議する」のままにしている条項は、あまり望ましくありません。たとえば「契約期間終了後の更新の有無は、ＡＢ協議する」という規定だと、いつまでに協議するのか、または協議した結果、話がまとまらなかった場合にはどうなるのかが不明です。

　何となく積み残しにしてしまうと、後日のトラブルや紛争の種になります。決めるべきことは、明確に定めておくべきです。「契約期間終了後の更新の有無については、本契約終了日の１

か月前までにＡＢが協議して決定する。協議が調わない場合には、本契約は延長されないものとする」とか「契約期間終了後の更新の有無については、本契約終了日の１か月前までに甲乙が協議して決定する。協議が調わない場合には、本契約は自動的に１年間だけ延長される」といった形で、その後のことを明確にすべきです。

9.

後文・作成日付・署名・別紙

⑴ 後 文

　後文は、契約書の作成枚数や原本・写しの通数を明らかにするために記載されます。後文は通常は法的な拘束力を有しません。原本が１通しか作成されない場合には、原本を誰が持つかを明らかにしておきます。原本や写しを作成する通数に決まったルールはありません。写しについては、原本の保管者や写しの作成者が「原本の真正な写しに間違いありません」といった文言や日付を記載して署名押印しておくといったことがされる場合もあります。

⑵ 作成日付

　契約書の作成日付は、契約が締結された日を明らかにするものです。口約束でも契約は成立するので、契約締結日と契約書の作成日がずれることもありますが、多くの場合では同一の日にします。また、たまに「契約書の作成日付をバックデートしたいのですが」と尋ねられることがありますが、万が一、後に紛争になったときに契約書自体の信用性に疑義を生じさせる事情になるため、望ましくはありません。西暦表記にするか和暦表記にするかについては、契約書全体で表現を統一すれば、どちらでも問題ありません。

⑶　署名欄

　特に法人の場合には権限があることを確認する必要があります。よく「印鑑は実印でないと駄目ですか」とし、そもそも目の前の相手が本人かなどしっかりと確認をする必要があります。よく「印鑑は実印でないと駄目ですか」と質問を受けることもありますが、本人が面前で署名して自分の印鑑を押印するのであれば、認印でもかまいません。

　実際に、自分の名前を書かなかったり、自分の印鑑を押さなかったり、印鑑を押すときにわざと逆さに押したりして、後日に合意書自体を争う余地を残そうとする悪い人がいたりしますし、実際にそのような訴訟を扱ったこともあります。署名押印の際にも注意が必要だということを意識してください。

　また、氏名の前に住所を記載します。住所を記載しなくても問題はありませんが、署名者を特定するために住所を記載します。世の中には同姓同名の人もいるので、住所と氏名で署名者を特定するために、住所も記載したほうが望ましいとお考えください。

⑷　別　紙

　契約書には、契約条項の本体部分に加えて、契約書に「別紙」が添付される場合があります。「別紙」は「添付」「添付書面」「付属書面」「別添書面」などといわれることもあります。

　契約書の本文に記載できるものの、本文に記載した場合には文章が長くなってしまうことを防ぐ目的があります。あまりに多くの情報を本文に記載したり、あまりに細かな情報を本文に記載したりすることで契約の骨格がみえなくなり契約書がわかりづらくなってしまいます。そのような事態を防ぐために、

「別紙」を用いて契約書をわかりやすくするのです。

　また、参照する際の便宜のためだったり、本文はひな型を用いて別紙だけを個別の契約書で置き換えるような形式にしたりするなどさまざまです。

　なお、「別紙」が1つだけではない場合には、「別紙1」「別紙2」「別紙3」……などと枚数を増やしていくことになります。

[図2－9－1]　後文・作成日付・署名欄

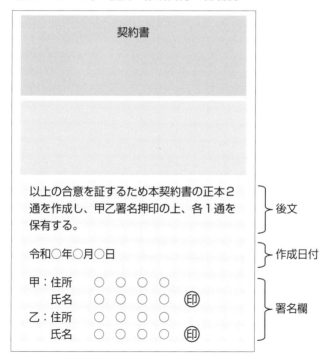

Chapter · 3
....

各契約書に共通する一般条項

第 **3** 章

各契約書に共通する一般条項

Introduction

　多くの契約書には共通する条項があります。多くの契約書に共通して用いられる一般的な条項なので「一般条項」といわれます。たとえば、契約の目的、表明保証、当事者双方の基本的な義務、契約期間、期限の利益の喪失、譲渡等の禁止、秘密保持、暴力団の排除、損害賠償、不可抗力、完全合意、契約費用の負担、分離可能性、合意管轄、協議解決などの規定が一般条項に該当します。

　打合せで契約書の内容を確認しているときに、クライアントから「どうしてそんなに早く契約書が読めるのですか」と尋ねられることがあります。これは、私だけに限ったことではありませんが、とりわけ企業法務を中心に業務を行っている弁護士は、日々の業務の中で多くの契約書に接する経験を重ねています。その日々の経験を通じて、一般条項の基本的な内容は、ある程度、頭の中に入っています。

　１つの条項でも「この条項にはどんなことが書いてあるのかな」と一から考えながら読むのと、「この条項には大体こんなことが書いてあるはずだ」「この条項には通常このようなことが書いてあるはずだけど、この契約書はどうなっているかな」と推測しながら読むのでは、契約書の内容を理解するスピードに大きな差が生じます。企業法務を業務の中心にしている弁護士は、日頃の業務の中で接する契約書の量も多く、日々の業務の中で、契約書の要点を早く正確に把握するトレーニングを積めているのだと思います。

　そして、これは弁護士に限ったことではありません。企業の法務担当者であったり、それ以外の方であったりしても、同じ

ことです。一般条項についての要点をしっかりとマスターして
おくことで、契約書の作成、確認、修正作業を早く、かつ、適
切に行うことができるようになります。

　そこで、以下では、一般条項のポイントを順に説明していき
ます。

[図3－0－1]　一般条項

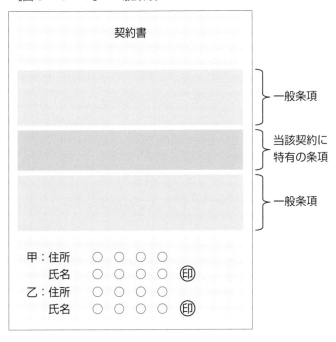

一般条項①
契約の目的

　契約書の冒頭に、契約の目的を記載することがあります。契約書の中には契約の目的が何となく記載されている例も散見しないわけではありません。

　ですが、たとえば、契約解除の条項の中に「契約の目的を達成できない場合」という条項が規定されているような場合、契約の目的が達成されたか否かが契約を解除する際のトリガーになるので、契約の存否を担う重要な規定になります。

　また、このように個別の解除規定などで直接的に規定されていなかったとしても、契約の目的を定めた条項は、その契約の各条項を解釈する際に参照されます。

　さらに、2017年（平成29年）改正民法では、たとえば、錯誤に関する民法95条1項で「その錯誤が法律行為の目的及び取引上の社会通念に照らして重要なものであるときは」という文言が追加されていたり、特定物の引渡しの場合の注意義務を定める民法400条で「契約その他の債権の発生原因及び取引上の社会通念に照らし」という文言が追加されていたり、履行不能に関する規定等で「契約その他の債務の発生原因及び取引上の社会通念に照らして」という文言が複数の条項で追加されていることから（民法412条の2・415条・483条・541条等）、民法の解釈が問題になる場面で、「契約の目的は何か？」が重視される傾向がこれまで以上に強まると考えられます。

　そのため、契約の目的を定めた条項が、契約を締結する当事

者が企図する内容になっているかを、十分に確認したうえで、契約を締結する必要があります。

　契約の目的を定める条項を配置する場所ですが、【サンプル3－1－1】のように独立した条項として契約書の本文に記載する場合もあれば、【サンプル3－1－2】のように契約書の前文の記載の中に記載する場合もあります。規定の位置はどちらでも問題ありませんが、内容が適切かを意識して確認してください。

【サンプル3－1－1】　契約の目的①

第○条（本契約の目的）
　Ａ及びＢは、○○○○○○○○の目的で、本契約を締結する。

【サンプル3－1－2】　契約の目的②

　Ａ（以下「Ａ」という）及びＢ（以下「Ｂ」という）は、本日、○○○○○○○○の目的で、以下のとおり合意し、本契約を締結する。

一般条項②

表明保証

⑴ 表明保証条項とは

　表明保証条項とは、契約の一方当事者が他方当事者に対して、主として契約の目的物等の内容について、一定時点において、一定の事項が真実かつ正確であることを表明して、保証するための規定です。表明保証条項は「レプワラ」とよばれることがあります。これは、Representations and Warranties の略語です。

　特に M&A 取引における株式譲渡契約や事業譲渡契約など大規模な取引の際には表明保証条項をどのように規定するかが重要になってきます。

　【サンプル3−2−1】はAとBとの間で事業譲渡契約を締結する際の表明保証条項のひな型です。表明保証条項は、【サンプル3−2−1】のように、契約書本文の条項の１つとして規定されたり、内容が多岐にわたる場合には別紙に規定されたり、規定の態様はさまざまです。

　もし契約当事者に表明保証条項違反があった場合には、他方の当事者は、契約を解除したり損害賠償請求をしたりすることができます。

　表明保証条項については、法律に規定はないので、表明保証条項の法的な意味や、法令の適用関係は、明確ではありません。そのため、表明保証条項を規定する場合は、契約当事者が意図

する契約効果を得られるように、生じうるリスクを予測して、漏れなく記載することが大切です。

【サンプル3－2－1】　表明保証条項①

第○条（表明保証）

1　Aは、本契約締結日において、Bに対し、以下の各号を表明し、保証する。

① Aは本契約を締結し本契約に基づく権利を行使し義務を履行するために必要な能力を有すること

② Aは法令及びAの社内規程に基づき本契約の締結及び履行において必要な一切の手続を適法かつ適正に完了していること

③ Aは、本事業に関し、適用ある法令を遵守していること

④ AがBに対して本件事業譲渡に関して既に開示した資料は全て真実であること

⑤ 本事業に属する財産又は本事業に関して販売された製品が、第三者の特許権、商標権、意匠権、実用新案権、著作権及びノウハウその他の一切の知的財産権（出願中のものも含む）を侵害しておらず、第三者からの請求、通知その他の連絡を受けていないこと

⑥ 本事業に関し、土壌、地下水、汚水、大気汚染、騒音、振動、悪習、危険物又は廃棄物その他の環境保護に関するあらゆる法律、条例、準則、規則、公害防止協定又は行政指導を遵守しており、これらに違反しておらず、違反に関連する行政機関による請求、調査その他の手続も存在せず、それらが発生するおそれもないこと

⑦ 本事業に必要な官公庁その他の第三者の免許、許認可、登録、承諾、同意等（以下総称して「許認可等」という）は

存在しないこと。また、Aによる本契約の締結及び履行に際して、本契約において規定されるもののほか、許認可等が要求されることはないこと、又はかかる許認可などをAが既に取得していること

⑧　（以下略）

⑵　時点を慎重に設定する

　表明保証条項に関する注意点の1つ目は、表明保証する時点を明確にすることです。

　時点に関して、【サンプル3－2－1】は「本契約締結日において」と定めていますが、契約締結日と株式や事業の実行日（クロージング日）がずれることも多く、その場合には【サンプル3－2－2】のように「本契約締結日及びクロージング日において」という両方の期日を規定します。

　また、各号の項目について、一律に表明保証をするのが困難な場合があります。たとえば、売主側が過去の一定の時点で土壌汚染等の調査を行い問題がないと認識していたものの、それからある程度時間が経ってしまっているような場合、過去の一定時点においては「土壌汚染がないこと」を表明保証できたとしても、現時点で土壌汚染がないとまでは断言できないような場合です。そのような場合には【サンプル3－2－3】のような注記を付したりします。

　さらに、将来生じ得る事項について表明保証をしないことを明確にするために、「Aは、Bに対して、クロージング以降に生じ得る事象については、表明保証責任を負担しない」といった類の規定を設けて、範囲を限定したりします。

このように、どの時点の事象については表明保証するかについては、さまざまなバリエーションが考えられるにもかかわらず、これらが曖昧なまま契約が締結されている例も多く目にしますので、注意してください。

【サンプル3－2－2】　表明保証条項②

第○条（表明保証）
1　Aは、<u>本契約締結日及びクロージング日</u>において、Bに対し、以下の各号を表明し、保証する。
①　（以下、省略）

【サンプル3－2－3】　表明保証条項③

第○条（表明保証）
1　Aは、<u>本契約締結日及びクロージング日（但し、時期を明記しているものについては当該時点）</u>において、Bに対し、以下の各号を表明し、保証する。
①　（以下、省略）

(3)　客観的な認識と主観的な認識を区別して規定する

表明保証条項に関する注意点の2つ目は、客観的な認識と主観的な認識を区別して規定することです。

【サンプル3－2－4】は、この点について明確に記載していませんが、この点を明確にすることは重要です。具体的には【サンプル3－2－4】のように、各内容に関して「知る限り」や「知り得る限り」という文言を追加して限定します。「知る限り」は実際に知っているか否かを問題にする表現で、「知り得る限り」は知り得ることができたか否かを問題にする表現で、

似ていますが違いますので、区別して使い分けてください。

【サンプル3－2－4】 表明保証条項④

第○条（表明保証）

1　Aは、本契約締結日及びクロージング日（但し時期を明記しているものについては当該時点）において、Bに対し、以下の各号を表明し、保証する。

① Aは、本契約を締結し本契約に基づく権利を行使し義務を履行するために必要な能力を有すること

② Aは法令及びAの社内規程に基づき本契約の締結及び履行において必要な一切の手続を適法かつ適正に完了していること

③ Aは、Aの知り得る限り、本事業に関し、適用ある法令を遵守していること

④ （以下、省略）

⑷　実情に合った内容で設定する

　表明保証条項に関する注意点の3つ目は、実情に合った内容に設定するということです。たとえば「Aは、本事業に関し、適用ある法令を遵守していること」という規定だと、軽微な法令違反があった場合でも、表明保証違反のトラブルが生じる可能性があります。

　そのため、このようなトラブルを避けるために【サンプル3－2－5】のように「軽微な違反を除いて」という表現を用いて一定範囲の違反を除外する方法があります。また、【サンプル3－2－6】のように「重大な」「重要な」という表現を用いて限定する方法もあります。

これらの場合にはさらに「軽微」「重大」「重要」に関する基準をめぐってトラブルが発生する場合もあり得ますので、事前にトラブルが予測できる内容であれば、数値に関する基準や指標を追記する場合もあります。いずれにしても、できる限り実情に合った内容で記載しなければ意味がないので、あえて曖昧な規定にしておく必要がなければ、可能な限りきめ細かく記載してください。

【サンプル３－２－５】　表明保証条項⑤

第○条（表明保証）
１　Ａは、本契約締結日及びクロージング日（但し時期を明記しているものについては当該時点）において、Ｂに対し、以下の各号を表明し、保証する。
　①　Ａは、本契約を締結し本契約に基づく権利を行使し義務を履行するために必要な能力を有すること
　②　Ａは法令及びＡの社内規程に基づき本契約の締結及び履行において必要な一切の手続を適法かつ適正に完了していること
　③　Ａは、Ａの知り得る限り、本事業に関し、軽微な違反を除いて適用ある法令を遵守していること
　④　（以下、省略）

【サンプル３－２－６】　表明保証条項⑥

第○条（表明保証）
１　Ａは、本契約締結日及びクロージング日（但し時期を明記しているものについては当該時点）において、Ｂに対し、以下の各号を表明し、保証する。
　①　Ａは、本契約を締結し本契約に基づく権利を行使し義務

を履行するために必要な能力を有すること

② 　Aは法令及びAの社内規程に基づき本契約の締結及び履行において必要な一切の手続を適法かつ適正に完了していること

③ 　Aは、Aの知り得る限り、本事業に関し、重大な悪影響を与えるような法令違反は存在しないこと

④ 　（以下、省略）

3.

当事者双方の基本的な義務

契約書の心臓部分に該当するのが、当事者双方の基本的な義務の規定です。契約書は当事者の権利や義務の範囲を明確にするために締結されます。そのため、契約の当事者がそれぞれどのような義務を負うかを明確に規定する必要があります。「第4章　各種契約の具体的内容と注意点」で説明する各契約類型の種類や内容に沿って記載していくことが大切です。

【サンプル3-3-1】　当事者双方の基本的な義務

第○条（当事者の義務）

1　Aは、Bに対して、本契約に基づき、次の各号に定める義務を負う。

① ○○○○

② ○○○○

③ ○○○○

④ ○○○○

2　Bは、Aに対して、本契約に基づき、次の各号に定める義務を負う。

① ○○○○

② ○○○○

③ ○○○○

④ ○○○○

一般条項④

契約期間

(1) 始期と終期を明確に定める

　一定の期日に一定の内容の給付をすれば契約に基づく履行が完了するような単発の契約の場合には、契約書に契約期間を規定する必要はありません。たとえば、AさんがBさんに一定の期日に車を売却して、BさんがAさんに一定の期日に車の代金を支払うといった内容の契約の場合には、AさんがBさんに車を引き渡して、BさんがAさんに車の代金を支払えば契約関係が終了するので、契約書に契約期間を定めておく必要はありません。

　他方で、たとえば、賃貸借契約のように一定の期間契約関係が継続することを前提とする契約の場合には、契約書に契約期間を定めておく必要があります。そして、契約期間を規定する場合には、契約がいつから開始し、いつまで継続して、いつ終了するのかということを「始期」と「終期」を明示して規定することが大切です。なお、「始期」については、原則として初日は算入されませんが（民法140条本文）、初日の起算点が午前零時から始まる場合には初日を参入して計算することになります（民法140条本文ただし書）。他方で、「終期」についてはその末日をもって終了するのが原則になります（民法141条）。ただし、末日が休日で、その日に取引をしない慣習がある場合には、その翌日に終了することになります（民法142条）。このように

契約期間の解釈については、民法上のルールがあるので、正確な理解を心がけてください。

【民法（抜粋）】

（期限の起算）

第139条　時間によって期間を定めたときは、その期間は、即時から起算する。

第140条　日、週、月又は年によって期限を定めたときは、期間の初日は、算入しない。ただし、その期間が午前零時から始まるときは、この限りでない。

【民法（抜粋）】

（期間の満了）

第141条　前条の場合には、期間は、その末日の終了をもって満了する。

第142条　期間の末日が日曜日、国民の祝日に関する法律（昭和23年法律第178号）に規定する休日その他の休日に当たるときは、その日に取引をしない慣習がある場合に限り、期間は、その翌日に満了する。

---

(2)　自動更新条項の有無を定める

　また、ここで検討すべきポイントは「自動更新」の条項を設けるかどうかです。契約期間が終了すれば契約の効力も終了することになりますが、たとえば、賃貸借契約などの継続的契約においては、契約期間が満了した後の自動更新に関する定めをあらかじめ設けておくことが多いと思います。継続的契約の場合は契約期間が更新されることも多いため、自動更新に関する

規定を設けておいたほうが法的な安定性が保たれるからです。

　【サンプル3－4－1】は自動更新条項を規定していませんが、自動更新条項を規定すると【サンプル3－4－2】や【サンプル3－4－3】のようになります。また、自動更新条項の規定内容にも注意が必要です。たとえば、【サンプル3－4－2】は更新されるのを原則とするのに対し、【サンプル3－4－3】は原則として終了するものの、当事者の一方が希望すれば延長の可能性が生じるといった形になっています。両者の差は契約の拘束度合いです。契約の存続を望む当事者にとっては、【サンプル3－4－2】のほうが、【サンプル3－4－3】よりも望ましい規定内容になっています。どちらにするか、また、具体的な更新拒絶の判断をどう考えるかは慎重に検討する必要があります。

　自動更新条項を設けて、契約が自動更新されるとした場合に、どの程度の期間が延長されると定めるかは判断が必要なところです。もともとの契約期間の長短、契約した当事者の意思を勘案して、当事者が合意できる内容で規定を定めるようにしてください。

　【サンプル3－4－1】　契約の期間①

第○条（本契約の期間）
　本契約の有効期間は令和○年○月○日から令和○年○月○日までとする。

【サンプル3－4－2】 契約の期間②

第○条（本契約の期間）
　本契約の有効期間は令和○年○月○日から令和○年○月○日までとする。但し、期間満了前の○か月前までにいずれの当事者からも何らの意思表示がない場合には、本契約の期間は本契約と同一の条件で○年間更新されるものとし、その後も同様とする。

【サンプル3－4－3】 契約の期間③

第○条（本契約の期間）
　本契約の有効期間は令和○年○月○日から令和○年○月○日までとする。但し、期間満了前の○か月前までに当事者の一方から契約を更新する旨の意思表示があった場合には、その後の契約更新の可否及び内容については当事者が協議してこれを定める。

5. 一般条項⑤ 期限の利益の喪失

(1) 期限の利益とは

債権者が債務者に一定の期限を付与することで、債務者にもたらされる利益のことを「期限の利益」といいます。債務者に与えられる「一定の期限＝債務者にとっての利益」ということです。

たとえば、Aさんがβさんから100万円を借りたとします。100万円を貸したβさんの側が債権者、100万円を借りたAさんの側が債務者です。本来、借りたお金は、借りたと同時にすぐに返さなければなりません。でも、お金を借りたのは、債務者であるAさんに何かお金を必要とする事情があったからでしょうし、Aさんがすぐにお金を返せるのであれば、そもそも、Aさんはお金を借りる必要はありません。ですから、債務者であるAさんがお金を借りる際には、通常、期限や分割払いの約束をします。具体的には、「毎月月末に10万円ずつを分割して10回に分けて支払う。10か月後に100万円を支払い終える。でも1回でも分割の支払いの約束が守れなければ残額を一括して支払う」といった内容で約束をして、それが契約書に規定されます。

このように返済を完了するのを10カ月待ってもらうという「利益」を「期限の利益」といいます。

【民法（抜粋）】

（期限の利益及びその放棄）

第136条　期限は、債務者の利益のために定めたものと推定する。

　　2　期限の利益は、放棄することができる。ただし、これによって相手方の利益を害することはできない。

⑵　期限の利益喪失条項とは

　期限の利益は、あくまで当事者間に信頼関係があることが前提になります。当事者間の信頼関係が維持できて初めて、お金を貸したＢさんは、Ａさんに「利益」を与えるという関係を維持することができるのです。何らかの事情が生じてＡさんが信頼できないということになれば、Ｂさんはａさんに与えた「利益」を撤回することを考えるわけです。

　このようにＡさんを信頼できないという「何らかの事情」を契約書に規定しておいて、Ａさんの履行を促すとともに、「何らかの事情」が生じた場合にはＢさんから「期限の利益」を撤回できるようにしておくための規定が「期限の利益喪失条項」とよばれる規定です。

　【サンプル３－５－１】【サンプル３－５－２】をご覧ください。継続的な契約や契約の締結から終了までの間に一定の期間があるような契約書の場合には、このような規定をよく目にすると思います。

　【サンプル３－５－１】　期限の利益喪失条項①

第○条（期限の利益の喪失）

　Ａが、次の各号のいずれか１つに該当したときは、Ｂの書面

による通知によって、Aは期限の利益を失い、Bに対して残金全額を直ちに支払わなければならない。

① 本契約のいずれかの条項に違反したとき

② 公租公課の滞納処分を受けたとき

③ 差押え、仮差押え、仮処分、競売その他の公権力の処分を受け、若しくは破産手続開始、民事再生手続開始、会社更生手続開始、特別清算手続開始の申立てがあったとき

④ 監督官庁から営業の許可取消処分又は停止処分を受けたとき

⑤ 資産、信用又は事業に重大な変化が生じ、本契約に基づく債務の履行が困難になるおそれがあると認められるとき

【サンプル3－5－2】 期限の利益喪失条項②

第○条（期限の利益の喪失）

Aが、次の各号のいずれか1つに該当したときは、Aは当然に期限の利益を失い、Bに対して残金全額を直ちに支払わなければならない。

① 本契約のいずれかの条項に違反したとき

② 公租公課の滞納処分を受けたとき

③ 差押え、仮差押え、仮処分、競売その他の公権力の処分を受け、若しくは破産手続開始、民事再生手続開始、会社更生手続開始、特別清算手続開始の申立てがあったとき

④ 監督官庁から営業の許可取消処分又は停止処分を受けたとき

⑤ 資産、信用又は事業に重大な変化が生じ、本契約に基づく債務の履行が困難になるおそれがあると認められるとき

⑶　当然喪失条項と請求喪失条項に注意する

　そして、期限の利益喪失条項には、相手からの通知があってから初めて期限の利益を喪失させるもの（請求喪失条項）と、相手からの通知がなくても期限の利益を喪失するもの（当然喪失条項）の２種類があります。契約書に規定する場合、いずれであるかを明確にして規定をする必要があります。

　【サンプル３－５－１】は請求喪失条項の例です。【サンプル３－５－２】は当然喪失条項の例です。契約の拘束力を維持し相手に翻意する機会を与えたい場合には【サンプル３－５－１】のように請求喪失条項型で規定し、相手に翻意する機会を与える必要もないような場合や翻意しても結果が変わらないような場合には【サンプル３－５－２】の当然喪失条項型を選択するとよいと思います。

　いずれの型も文言の違いは数文字程度のわずかな差にすぎませんが、効果が大きく異なるので、注意が必要です。

譲渡等の禁止

譲渡禁止条項とは、契約上の地位や契約に基づいて契約当事者に認められる権利義務の第三者への譲渡を禁止する条項のことをいいます。

たとえば、AさんがBさんに一定の期日に車を売却して、BさんがAさんに一定の期日に車の代金を支払うといった内容の契約の場合、AさんがBさんに車を引き渡して、BさんがAさんに車の代金を支払えば契約関係は終了するので、契約上の地位や契約に基づいて契約当事者に認められる権利または義務を第三者に移転する場面は現実的には少ないかもしれません。

他方で、賃貸借契約のように一定の期間契約関係が継続することを前提とするような契約の場合には、契約期間が継続する中で、契約当事者の事情に変更が生じて、契約上の地位や契約に基づいて契約当事者に認められる権利または義務を移転する必要性が生じてくる場合があります。しかし、賃貸借契約のような継続的契約の場合には、当事者間の信頼関係が特に重視されます。とりわけ、賃貸人にとっては、「この賃借人だから私の大切な資産を貸したんだけど……」という気持になることが多いのではないでしょうか。

そのため、契約において、譲渡禁止条項を設けることが多いのです。

規定の内容としては【サンプル3－6－1】のような規定が

設けられることが一般です。

【サンプル３－６－１】　譲渡等の禁止条項①

> 第○条（権利義務等の譲渡禁止）
>
> 　Ａ又はＢは、予め書面により相手方の承諾を得なければ、本契約に定める自己の権利義務の全部若しくは一部を第三者に譲渡し、又は担保に供してはならない。

　2017年（平成29年）改正前の民法では、「債権は原則として譲渡が有効である」としながら、譲渡制限特約に違反して行われた債権譲渡は、譲受人が特約の存在につき悪意または重過失の場合には無効になると解されていましたが、改正民法では取扱いを変更して譲渡禁止特約に反する債権譲渡も有効であるとしました（民法466条２項）。

　そして、債務者は、譲渡制限特約について悪意または重過失の譲受人その他の第三者に対しては、債務の履行を拒むことができ、かつ、譲渡人に対する弁済その他の債務の消滅事由をもって当該第三者に対抗できるとしました（民法466条３項）。

【民法（抜粋）】

（債権の譲渡性）

第466条　債権は、譲り渡すことができる。ただし、その性質がこれを許さないときは、この限りでない。

　　２　当事者が債権の譲渡を禁止し、又は制限する旨の意思表示（以下「譲渡制限の意思表示」という。）をしたときであっても、債権の譲渡は、その効力を妨げられない。

　　３　前項に規定する場合には、譲渡制限の意思表示がされたことを知り、又は重大な過失によって知らなかった譲受人その他の第三者に対しては、債務者は、その債務の

履行を拒むことができ、かつ、譲渡人に対する弁済その他の債務を消滅させる事由をもってその第三者に対抗することができる。

4　前項の規定は、債務者が債務を履行しない場合において、同項に規定する第三者が相当の期間を定めて譲渡人への履行の催告をし、その期間内に履行がないときは、その債務者については、適用しない。

　このように改正民法によって、譲渡制限特約付債権の譲渡が有効とされたことによって、譲渡等の禁止条項を定めていても、譲渡制限特約付債権が譲渡されてしまう可能性が増えたといえます。少しでもそのような事態を避けるために、【サンプル3－6－2】のように解除権や違約金の定めを規定しておくことが有益です。

【サンプル3－6－2】　譲渡等の禁止条項②

第○条（権利義務等の譲渡禁止）
1　A又はBは、予め書面により相手方の承諾を得なければ、本契約に定める自己の権利義務の全部若しくは一部を第三者に譲渡し、又は担保に供してはならない。
2　前項の義務に違反した当事者は、何らの催告を要せずに直ちに本契約の全部又は一部を解除できるとともに、他方当事者に対し、違約金として○○○○円を支払う。

7. 秘密保持

(1) 秘密保持義務の一般的な規定

契約の当事者間には密接な関係性が生まれてきます。特に取引基本契約などのように長期にわたって継続的な関係性を構築することを企図して締結される契約の場合には、当事者は契約交渉過程や契約締結の際にお互いのさまざまな秘密に触れます。このような状態で野放しにしてしまうと、企業や事業の生命線ともいうべき貴重な機密情報の流出や漏えいを招きかねません。そのため、多くの契約書では秘密保持義務条項が規定されています。

秘密保持義務条項の一般的な例は【サンプル3－7－1】をご覧ください。【サンプル3－7－1】では、「本契約締結に至るまでの過程」という文言を入れて、契約締結に至る交渉過程で当事者が知り得た秘密についても秘密保持義務の対象範囲にしています。また、【サンプル3－7－1】では、「機密」の単語を使用していますが、「秘密」に置き換えていただいても問題ありません。

【サンプル3－7－1】 秘密保持義務条項

第○条（機密保持義務）

Ａ及びＢは、事前に相手方の書面による承諾を得ることなく、本契約に基づき又は本契約締結に至るまでの過程で知り得た相手

方の機密を第三者に開示又は漏えいしてはならない。但し、次の各号に定める機密についてはこの限りではない。

① 開示を受けたときに公知であったもの
② 開示を受けたときに既に自己が保有していたもの
③ 開示を受けた後に自己の責めに帰すべからざる事由により公知になったもの
④ 開示を受けた後に第三者から機密保持義務を負うことなく適法に取得したもの
⑤ 開示の前後を問わず独自に開発したことを証明し得るもの

(2) 秘密情報を開示する目的

　【サンプル3－7－1】のように一般規定の1つの条項として秘密保持義務を定める場合もあれば、特に情報の秘匿が要求されるような契約の場合には「秘密保持契約」といって秘密保持に関する権利や義務のみで1通の契約書を作成する場合もあります。

　あるいは、1通の契約書の中に【サンプル3－7－1】の規定よりも詳細な複数の条項をあわせて規定する場合もあります。契約を締結する当事者の秘密保持に対する姿勢によってさまざまな形態があります。これらの場合には、たとえば、【サンプル3－7－2】や【サンプル3－7－3】のように「そもそもどうして秘密保持義務を負担し合うのか」といった秘密保持契約を締結する目的や秘密保持義務を負担する目的を規定する場合があります。

　これらの規定は、秘密保持契約を締結する目的は、相手方に秘密情報を開示した当事者が許諾した目的と範囲においてのみ

使用するように相手方を義務づけるために規定されます。いずれも事業譲渡契約に備えて秘密保持義務を負担する例ですが、【サンプル3－7－2】は開示の目的を規定していますが、それにあわせて【サンプル3－7－3】のように目的外使用を禁止する規定を設けて、相手に直接的な義務を負わせるような場合もあります。

【サンプル3－7－2】 秘密情報の開示の目的

第○条（開示の目的）
　A及びBは、Aが保有する○○部門の営業並びにこれに関連する資産及び負債（以下「本件事業」と総称する）のAからBへの譲渡（以下「本件事業譲渡」という）を検討するに際し、必要な情報（本契約に基づき開示される情報の範囲は第○条に規定するものとし「本件情報」と総称する）を互いに開示することに合意する。

【サンプル3－7－3】 秘密情報の目的外使用の禁止

第○条（目的外使用の禁止）
　A及びBは本件情報を本件事業譲渡の検討のためにのみ使用するものとし、その他の用途にこれを使用してはならない。

(3)　秘密情報の物的範囲

　次に、「機密」や「秘密」といっても、具体的に何を指すかは不明瞭です。実際の裁判でも契約当事者が秘密保持義務を負担していることに争いがなくても、その範囲が争いになる例を多々目にします。そのような場合に備えて、あらかじめ契約当事者が負担する秘密保持義務の範囲を明らかにする規定をおく

ことが有益です。

　規定の仕方としては、【サンプル３－７－４】のように秘密情報の定義規定を設けたうえで、【サンプル３－７－５】のように秘密保持義務を別途規定する方法もあれば、【サンプル３－７－６】のように定義規定と秘密保持義務を１つに規定する場合もありますが、どちらを採用するかは自由です。また、【サンプル３－７－７】のように、対象となる情報媒体に営業秘密としての表示を行わせることで、対象を"見える化"することも有益です。

【サンプル３－７－４】　秘密情報の定義規定

第○条（定義）

1　本契約において秘密情報とは、書面、口頭その他の方法を問わず、Ａ又はＢから相手方に開示された開示者の営業上、技術上その他一切の業務上の情報並びにＡ及びＢが本件事業譲渡の協議・検討・交渉を行っている情報（以下「本件秘密情報」という）をいう。

2　前項の規定に関わらず、次の各号の一に該当する情報は本件秘密情報には該当しないものとする。

　①　相手方から開示される前に公知であったもの

　②　相手方から開示された後に自らの責めによらず公知になったもの

　③　相手方から開示される以前から自ら保有していたもの

　④　正当な権限を有する第三者から秘密保持義務を負わずに知得したもの

　⑤　相手方から開示された本件秘密情報と関係なく独自に開発したもの

【サンプル３－７－５】　秘密保持義務

第○条（秘密保持義務）

1　Ａ及びＢは、本件秘密情報を厳格に保管・管理するものとする。

2　Ａ及びＢは事前に相手方から書面による承諾を得た場合を除き、本件秘密情報を本契約に定める第三者以外の第三者に開示又は漏えいしてはならない。ただし、裁判所からの命令、その他法令に基づき開示が義務付けられている場合にはこの限りではない。

3　Ａ及びＢは、前項但書に基づき、本件秘密情報を第三者に開示しなければならない場合には事前に書面により相手方に通知するものとする。

【サンプル３－７－６】　秘密情報の範囲

第○条（本件情報の物的範囲）

　Ａ及びＢは、事前に相手方の文書による承諾がない限り、互いに本件事業譲渡に関する協議・検討・交渉に際して知り得た全ての知識及び情報並びに本件事業譲渡に関する協議・検討・交渉に関連する事実（以下「本件秘密情報」と総称する）を第三者に開示又は漏えいしてはならない。ただし、次の各号のいずれかに該当する場合にはこの限りではない。

①　相手方から開示を受けた時点で既に公知となっていた情報

②　相手方から開示を受けた後に公知となった情報

③　相手方から開示された時点で既に取得していた情報のうち直接的にも間接的にも相手方から入手したものではないことを立証し得る情報

④　第三者から入手した情報のうち当該第三者が直接的にも間

接的にも相手方から入手したものではないことを立証し得る
情報

【サンプル3－7－7】 営業秘密であることの表示

第○条（営業秘密であることの表示）
　Ａ及びＢは、本件秘密情報に含まれる情報を相手方に開示若
しくは交付する場合には、その開示・交付する情報の記録体（文
書、図面、仕様書、フロッピーディスク、CD、パソコンデータ、
写真等を問わず一切の記録媒体を含むものとする）又は当該情報
の化体物に対して保有者と秘密情報であることを示す㊙マークを
付して開示・交付するものとする。

⑷　秘密保持義務の人的範囲

　続いて、【サンプル3－7－8】をご覧ください。秘密保持
義務を負う人的な範囲に関する規定です。秘密保持契約を締結
する当事者以外の取引関与者にも秘密保持義務を遵守させる点
がポイントです。また、単に「外部協力者に秘密保持義務を負
わせる」と規定しても、その実効性が確保できるかは明らかで
はないので、【サンプル3－7－9】では、情報受領者が情報
を開示した外部協力者からも「秘密保持誓約書」を徴収して、
万が一、情報の受領者側に将来秘密保持義務違反が生じた場合
の証拠を確保しています。

【サンプル3－7－8】 秘密保持義務の人的範囲①

第○条（秘密保持義務の人的範囲）
　Ａ及びＢは、第○条に規定した秘密保持義務を、本件事業譲
渡に関する協議に関与する自己の役員、従業員、コンサルタント、

会計士、税理士、ファイナンシャルアドバイザー、弁護士、その他外部専門家等（以下「役員・従業員等」と総称する）に対しても遵守させるものとする。

【サンプル3－7－9】 秘密保持義務の人的範囲②

第○条（秘密情報を開示する人的範囲）
1 Ａ及びＢは、本件秘密情報を、自己の役員、従業員、コンサルタント、会計士、税理士、ファイナンシャルアドバイザー、弁護士、その他外部専門家等（以下「役員・従業員等」と総称する）にのみ開示することができるものとする。なお、この場合、Ａ及びＢは、これらの者に対して本契約に定める秘密保持義務と同内容の秘密保持義務を遵守させるものとし、これらの者の行為に責任を負うものとする。
2 Ａ及びＢは、前項の規定に基づき役員・従業員等に本件秘密情報を開示する場合には、これらの者から在職中若しくは退職後、又は契約中若しくは契約期間後を問わず、本件秘密情報を厳重に保管し、自己又は第三者のために取得・使用・開示・漏えいさせない旨並びに本件秘密情報をＡ又はＢの事業と競合する事業に要しない旨を記載した秘密保持誓約書を徴収し、相手方にこれを開示・交付するものとする。

⑸ 秘密保持義務の管理体制

さらに踏み込んで、【サンプル3－7－10】のように、当事者に秘密保持義務の管理体制を指定することも有益です。秘密情報の管理体制の確立や維持を当事者の義務にしておくことで、本件秘密情報の開示や漏えいを防ぐための一般予防効果もあると思いますし、万が一、本件秘密情報の漏えいが生じた場合の

漏えい当事者の義務違反の内容を明確にすることもできます。

【サンプル3－7－10】 秘密保持義務の管理体制

> 第○条（秘密保持義務の管理体制）
> 　Ａ及びＢは、相手方から本件秘密情報に含まれる情報の開示
> 又は交付を受けた場合には、施錠設備のある金庫やパスワードに
> よりアクセスが制限されるコンピュータデータファイルなど適切
> な場所に保管し、それにアクセスできる役員・従業員等を限定す
> るために必要な措置を講じなければならないものとする。

(6)　契約終了後の措置

　最近はどのような情報も容易に複製可能です。当事者間で厳
格な秘密保持義務を定めた契約を締結しても、契約終了後も秘
密情報を相手のもとにとどめておく必要はありません。【サン
プル3－7－11】のように、契約終了後の情報の取扱いを規定
しておくことが有益です。

【サンプル3－7－11】 契約終了後の秘密情報の取扱い

> 第○条（本契約終了後の対応）
> 　Ａ及びＢは、本契約が解除された場合には、相手方に対して、
> 直ちに本件事業譲渡に関する協議・検討・交渉において相手方か
> ら開示された情報を返却し、当該情報が化体された媒体（全ての
> 複製物を含む）を作成・保持しているときはこれを廃棄除去する
> ものとする。

(7)　秘密保持義務を負う期間

　最後に、秘密保持義務の存続期間です。特に継続的な契約関

係の場合には、契約締結期間中に多くの秘密情報が相手方に開示されますが、情報は一度開示されてしまうと、相手方の手元や頭の中にそのまま残置されてしまいます。

　そこで、【サンプル3－7－12】や【サンプル3－7－13】のような規定を設けます。「○」の部分には数字が入ることになりますが、法律で「何年」と決められているわけではないので、当事者の合意と秘密情報の重要性に応じて、当事者が妥当と感じる数字を記入してください。

【サンプル3－7－12】　秘密保持義務を負う期間①

第○条（期間）
　本契約の義務は、理由の如何を問わず本契約が終了した場合であっても、本契約締結後○年間存続するものとする。

【サンプル3－7－13】　秘密保持義務を負う期間②

第○条（期間）
　A及びBは、本契約終了後も本契約に規定する義務を負うものとし、本件秘密情報を本契約に定める場合を除き第三者に開示又は漏えいしてはならない。

一般条項⑧

暴力団の排除

(1) 暴力団排除条項とは

暴力団排除条項は、暴力団等の反社会的勢力を取引から排除するために契約書に定められる規定です。

2007年（平成19年）6月19日に政府から「企業が反社会的勢力による被害を防止するための指針」が公表され、その中で平素からの対応として「反社会的勢力が取引先や株主となって、不当要求を行う場合の被害を防止するため、契約書や取引約款に暴力団排除条項を導入する」ことが記載されました。この政府の指針に呼応する形で、2011年（平成23年）10月にはすべての都道府県で、契約に上記に関する特約条項を定める努力義務等を規定した暴力団排除条例が施行され、業界団体、地方自治体、警察等によって暴力団排除条項モデル案が発表されるなどしています。

そのような流れを受けて、契約書には暴力団排除条項を規定することは一般的なことになりました。

(2) 暴力団排除条項の効果

契約書に暴力団排除条項を盛り込むことは、①反社会的勢力との取引を拒絶すると宣言することで反社会的勢力との接触を未然に防ぐといった予防的効果や抑止的効果が期待できる、②万が一、反社会的勢力と取引をしてしまったとしても契約関係

を解消しやすくするといった効果があります。

(3) 暴力団排除条項の具体的内容

暴力団排除条項の効果を発揮するために、【サンプル3－8－1】のように反社会的勢力の定義を規定したうえで、【サンプル3－8－2】のように、万が一、相手方が反社会的勢力であると発覚した場合に契約関係を解消するための方法も規定します。

【サンプル3－8－1】　暴力団排除条項①

第○条（反社会的勢力との断絶）
1　Bは、Aに対し、本契約時において、B（Bが法人の場合は、代表者、役員、又は実質的に経営を支配する者を含む）が暴力団、暴力団員、暴力団準構成員、暴力団員でなくなったときから5年を経過しない者、暴力団関係企業、総会屋、政治活動・宗教活動・社会運動標ぼうゴロ、特殊知能暴力集団等の反社会的勢力（以下「反社会的勢力」という。）に該当しないことを表明し、かつ将来にわたっても該当しないことを確約する。
2　Bは、Aが前項に該当するか否かを判定するために調査を要すると判断した場合、Aの求めに応じてその調査に協力し、これに必要とAが判断する資料を提出しなければならない。

【サンプル3－8－2】　暴力団排除条項②

第○条（反社会的勢力だと判明した場合の解除）
1　Aは、Bが反社会的勢力に属すると判明した場合、催告その他の手続を要することなく、本契約を即時解除することができる。
2　Aが、前項の規定により、本契約を解除した場合には、A

はこれによる B の損害を賠償する責めを負わない。

3　本契約を解除した場合、A から B に対する損害賠償請求を妨げない。

9.

契約解除

⑴ 契約の解除とは

　契約の解除とは、一度有効に成立した契約関係を解消し、その契約が最初からなかったような状態に巻き直すことをいいます。契約は当事者間の信頼関係がなければ成り立ちません。契約を締結するときは、契約当事者間に信頼関係があったとしても、その後の状況や事情の変動によって相手を信頼できなくなった場合に、契約関係から離脱するための方法をあらかじめ決めておくことが有益です。

⑵ 解除と解約の違い

　「解除」と「解約」の違いについて尋ねられることがあります。「解除」と「解約」の区別が曖昧になっている契約書を目にすることもあります。契約の「解約」というのは、継続的な契約関係を将来に向かって解消するのに対し、「解除」の場合には遡及効（契約の巻き戻し）が発生するという違いがあります。

⑶ 解除規定を設ける場合の注意点

　契約締結にあたり、どうしても「契約を締結してどのように取引を行っていこうか」ということばかりに目がいきがちですが、日々さまざまな契約に関するトラブルや紛争の対応を行っ

ている弁護士の立場からすれば、契約の履行内容以上に、契約解除規定の内容について神経を使うものです。注意点は以下のとおりです。

(A) 解除事由を漏れなく規定する

【サンプル3－9－1】をご覧ください。【サンプル3－9－1】には、契約を解除できる場合が細かく規定されています。契約を解除できる条件のことを「解除事由」といいます。いわば契約を解除するためのトリガーです。解除事由が細かく規定されているようにみえても、いざ契約解除をしようにもできない場合もあります。「どのような場合に契約関係からどのように解放されたいと考えるか」をよくよく考え、想像力を働かせながら、契約解除のトリガーを漏れなく規定することが大切です。

なお、多くの契約書では、解除事由の中に「破産手続開始、民事再生手続開始、会社更生手続開始、特別清算手続開始の申立てがあったとき」という条項（いわゆる倒産解除条項）が定められています。契約相手にこれらの事由が生じた場合、他方の当事者は契約関係から解放されたいと望むのが通常なので倒産解除条項が規定されます。しかし、このような解除を認めてしまうと「事業又は経済生活の再生を図る」（民事再生法1条）、「事業の維持更生を図る」（会社更生法1条）といった倒産法の趣旨・目的に反する場合がありますし、契約相手（またはその管財人）に双方未履行双務契約の履行を選択するか、解除を選択するかの選択権を付与している（破産法53条1項、民事再生法49条1項、会社更生法61条1項）倒産法の趣旨を損なうことになりかねません。そのような観点から、契約の当事者が倒産解除条項に基づいて行った解除を無効と判断した最高裁判例があり

ます（最判昭和57年3月30日判決／民集36巻3号484頁〔会社更生手続の事案〕、最判平成20年12月16日判決／民集62巻10号2561頁〔民事再生手続の事案〕）。

　取引契約の実態や実情によって、これらの裁判例と異なる判断がされる可能性がありますし、契約実務上は倒産解除条項を規定しておくこと自体は問題ありませんが、実際に適用した場面で無効になる可能性があることは認識しておく必要があります。

【サンプル3－9－1】　契約解除事由①

第○条（解除）

　A又はBは、相手方に次の各号の1つでも該当したときには、何らの通知催告を要することなく、直ちに本契約を解除することができる。

　①　本契約に違反し、相手方が相当期間を定めて催告したにも関わらず、当該期間内にこれを是正しないとき

　②　手形交換所の取引停止処分を受けたとき

　③　公租公課の滞納処分を受けたとき

　④　差押え、仮差押え、仮処分、競売その他の公権力の処分を受け、若しくは破産手続開始、民事再生手続開始、会社更生手続開始、特別清算手続開始の申立てがあったとき

　⑤　相手方が解散したとき

　⑥　監督官庁から営業の許可取消処分又は停止処分を受けたとき

　⑦　資産、信用又は事業に重大な変化が生じ、本契約に基づく債務の履行が困難になるおそれがあると認められるとき

ⓑ 全部解除か一部解除か

　契約内容が可分で、契約の一部の条項だけを解除したいと考える場合があります。【サンプル3－9－2】は【サンプル3－9－1】と異なり「本契約の全部又は一部」という表現を加えており、このような場合に対応できるようにしています。

【サンプル3－9－2】　契約解除事由②

第○条（解除）

　Ａ又はＢは、相手方が次の各号の1つでも該当したときには、何らの通知催告を要することなく、直ちに本契約の全部又は一部を解除することができる。

① 本契約に違反し、相手方が相当期間を定めて催告したにも関わらず、当該期間内にこれを是正しないとき

② （以下、略）

ⓒ 債務者の帰責事由の要否

　従来、契約を解除する場合には、相手方の帰責事由が必要であると考えられていました。

　しかし、帰責事由がなくても、契約関係からの解放を認めないと不合理だと思われる場合もあります。たとえば、ＢさんがＡさんから商品を購入して商品の引渡しを待っていたとします。そのとき、Ａさんが保管していた倉庫で火事が起きて商品が燃えてしました。この場合、Ａさんには帰責事由はありません。そのため、契約の解除に帰責事由が必要だとすると、ＢさんはＡさんとの契約を解除して、他の人から商品を仕入れたいと考えても、直ちにそうすることができず、不合理だと指摘されていました。また、そもそも、債務者の債務不履行に基づく解除は、損害賠償責任のように債務を履行しなかった債

務者の責任を追及するための制度ではなく、債権者が契約から解放されるための制度であることに照らしても、2017年（平成29年）改正民法では、債務不履行による解除一般について、債務者の責めに帰することができない事由によるものであっても解除ができることにしました（民法541条・542条）。

　そのため、契約の解除の要件として、債務者の帰責事由の要否を明記するか否かを検討する必要があります。そして、改正民法に倣って、債務者の帰責事由がない場合にも解除を認める場合には、【サンプル3－9－3】のように「債務者の責めに帰すべき事由の有無に関わらず」といった文言を記載しておくと疑義が生じないと思います。

【サンプル3－9－3】　契約解除①

第○条（解除）

　　B（債権者）は、次の各号の一に該当する事由が生じた場合には、A（債務者）の責めに帰すべき事由の有無に関わらず、かつ何らの催告を行うことなく、直ちに本契約の全部又は一部を解除することができる。

　①　本契約に違反し、……（略）

　②　（以下、略）

　ⓓ　債権者の帰責事由の有無

　2017年（平成29年）改正後の民法543条は、「債務の不履行が債権者の責めに帰すべき事由によるものであるときは、債権者は、前二条の規定による契約の解除をすることができない」と規定し、債権者に帰責事由がある場合の解除権を認めていません。そのため、この点を明確にする場合には、【サンプル3－9－4】のように、その旨を明記しておくとよいと思います。

【サンプル3－9－4】　契約解除②

第○条（解除）

　B（債権者）は、次の各号の一に該当する事由が生じた場合には、A（債務者）の責めに帰すべき事由の有無に関わらず、かつ何らの催告を行うことなく、直ちに本契約の全部又は一部を解除することができる。但し、当該事由の発生にB（債権者）の責めに帰すべき事由がある場合には、この限りではない。

　①　本契約に違反し、……（略）

　②　（以下、略）

(E)　相当の期間とは

　解除をしようとする当事者が相手方に対して、「相当の期間」の催告をしなければならないと定めている例も多いと思います。しかし「相当の期間」というのは何でしょうか。実際に「相当の期間」について裁判で争われた例もあります。一般的には1週間から2週間と解釈されることが多いようです。ただ、何か紛争になった場合に、よけいな争点を増やすことになってしまうので、契約書の中で、【サンプル3－9－5】のように、あらかじめ「○日間」と明確に定めておいたほうがよいと思います。

【サンプル3－9－5】　契約解除事由③

第○条（解除）

　A又はBは、相手方に次の各号の1つでも該当したときには、相手方に対して相当期間（催告の書面が到達した日より○日間）を定めた催告をした上で、本契約を解除することができる。

　①　本契約のいずれかの条項に違反したとき

---

② （以下、略）

10

一般条項⑩
損害賠償

(1)　損害賠償に関する規定

　契約の相手が契約内容を履行しない場合には、相手に対して、相手が契約を履行しなかったことによって生じた損害の賠償を請求することができます。約束を破られたほうが、約束を破った相手に対して、約束を破られたことによって生じた損害を金銭に評価して請求できるのです。

Ⓐ　責任原因を限定する規定

　債務不履行に基づく損害賠償責任は、債務者に故意または過失があった場合に発生します（民法415条）。このように債務者に責任が生じる場面を限定するために、【サンプル3－10－1】のような規定を設けます。

【民法（抜粋）】

（債務不履行による損害賠償）

第415条　債務者がその債務の本旨に従った履行をしないとき又
　　　　は債務の履行が不能であるときは、債権者は、これによ
　　　　って生じた損害の賠償を請求することができる。ただし、
　　　　その債務の不履行が契約その他の債務の発生原因及び取
　　　　引上の社会通念に照らして債務者の責めに帰することが
　　　　できない事由によるものであるときは、この限りでない。

　　2　前項の規定により損害賠償の請求をすることができる

場合において、債権者は、次に掲げるときは、債務の履行に代わる損害賠償の請求をすることができる。

一　債務の履行が不能であるとき。

二　債務者がその債務の履行を拒絶する意思を明確に表示したとき。

三　債務が契約によって生じたものである場合において、その契約が解除され、又は債務の不履行による契約の解除権が発生したとき。

【サンプル3−10−1】　損害賠償条項

第○条（損害賠償）

　AがBに損害を与えた場合、Aに故意又は重過失ある場合に限定して、Bに対して、Bに生じた損害を賠償する義務を負う。

⑧　損害賠償の範囲を限定する規定

　また、損害賠償の範囲については、法律上は、相手方に通常生じた損害および予見可能性のある特別損害の賠償が認められるというのが原則です（民法416条）。

【民法（抜粋）】

（損害賠償の範囲）

第416条　債務の不履行に対する損害賠償の請求は、これによって通常生ずべき損害の賠償をさせることをその目的とする。

　　2　特別の事情によって生じた損害であっても、当事者がその事情を予見すべきであったときは、債権者は、その賠償を請求することができる。

これを図にすると、〔図3−10−1〕（損害賠償に関する原則）

のとおりです。当事者に債務不履行によって賠償義務が生じる損害には、民法416条1項が定める「通常生ずべき損害」（通常損害）と民法416条2項が定める「特別の事情によって生じた損害」（特別損害）の2種類があります。通常損害については、社会通念上、その債務不履行から通常生ずべき損害ということになりますので、当事者の予見可能性は関係なく損害賠償の範囲に含まれます。裁判例で認められた損害としては「売買契約における転売利益の喪失による損害」（大審院大正10年3月30日判決／大審院民事判決録27輯603頁）、「買主が第三者に対して債務不履行の損害賠償を支払ったときの損害賠償額」（大審院明治38年11月28日判決／大審院民事判決録11輯1607頁）、「買主が目的物を使用して取得する予定の営業利益」（最高裁判所昭和39年10月29日判決／民集18巻8号1823頁）があります。

　他方で、特別損害については、当事者が予見すべきだった場合のみ損害賠償の範囲に含まれます。これが法律の定めです。裁判例で認められた損害としては「履行不能後の価格の増加分」（大審院大正15年5月22日判決／大審院民事判例集5巻386頁）、「買主が買受け価格の3倍以上の価格で転売する予定であった

[図3-10-1]　損害賠償に関する原則

	予見すべきだったか？	相当因果関係の範囲内か？	賠償責任の有無
通常生ずべき損害（民法416条1項）	○	○	責任あり
	×	○	
特別な事情によって生じた損害（民法416条2項）	○	○	
	×	×	責任なし

ときの転売利益」（大審院昭和４年４月５日判決／大審院民事判例集８巻373頁）等があります。

　契約締結実務においては、これを前提としつつ、損害賠償義務の範囲を拡げたり、狭めたりといった形で、各当事者の思惑に応じた修正が行われます。ところがあまり意味のない修正がされることも多いのが実情です。少し説明します。【サンプル３－10－２】が原則的な規定です。これだと、民法416条の規定を定めているにすぎません。法律上、当然のことが規定されているだけなので、規定を削除しても問題ありません。当たり前のことを確認しただけの規定です。

　【サンプル３－10－２】　賠償の範囲①

第○条（賠償の範囲）

　Ａ又はＢが、故意又は過失により他方当事者に損害を与えた場合、Ａ又はＢは相手方に対し、相手方が被った損害を賠償する。

　そこで、【サンプル３－10－２】にアレンジを加えていくわけです。よくあるアレンジは【サンプル３－10－３】のように「直接かつ現実に」という文言で限定しようとする方法です。

　まず「直接の損害（直接損害）」についてです。「直接の損害（直接損害）」は「間接の損害（間接損害）」と対になる表現です。たとえば、ＡさんがＢさんから殴られ、けがをしたことで（直接損害）、Ａさんが代表を務める会社の営業に支障が生じた（間接損害）といった場合のように別の主体が被った損害を指します。ところが、日本の民法は「直接損害」や「間接損害」という区別を設けておらず、「通常損害」か「特別損害」という区別を設けているだけなので、結局民法416条の解釈の話に

なります。そうすると「直接の損害」という概念で当事者が負担する損害賠償責任の範囲に限定を加えようとすること自体、あまり意味がなく、むしろよけいな法的争点を増やす可能性があり、有益とは思えません。

　次に「現実に生じた損害」についてです。「現実に生じた損害」は「懲罰的損害」と対になる表現です。懲罰的損害賠償制度は、たとえば、AさんがBさんから殴られ、けがをした場合に、Aさんに生じた身体的損傷や精神的苦痛以上の賠償責任をBさんに負わせるものです。Aさんに実際に生じた損害に加えて、さらに賠償金の支払いを認めることで、Bさんに制裁を加え、将来、同様の行為を行わないように抑止効果を期待する制度です。アメリカやイギリスでは認められている制度ですが、日本の民法は懲罰的損害賠償という制度を設けていないため、結局、民法416条の解釈の話になります。そうすると「現実に生じた損害」という概念で当事者が負担する損害賠償責任の範囲に限定を加えようとすることも、あまり意味がないと思います。

【サンプル3−10−3】　賠償の範囲②

第○条（賠償の範囲）
　A又はBが、故意又は過失により他方当事者に損害を与えた場合、A又はBは相手方に対し、相手方が直接かつ現実に被った損害を賠償する。

　このように「直接かつ現実に」という文言で当事者の損害賠償責任の範囲を限定しようとすることが有意義ではないとすると、どのようにすればよいのでしょうか。当事者が損害賠償責任の範囲に限定を加えたいと考える意図は、責任の範囲を明確

化して、過度な責任を負担しないようにすることです。そのような意図からすると、民法416条の解釈で争いになりそうな点を明確にしておく必要があります。行うべきことは、①主観的要件の限定と、②賠償範囲の明確化です。まず、①主観的要件の限定については、【サンプル3－10－4】のように、通常責任を負担する「故意又は過失」の要件を「故意又は重過失」に限定することで、軽過失の場合には責任を負担しないようにできます。

【サンプル3－10－4】 賠償の範囲③

第○条（賠償の範囲）
　Ａ又はＢが、故意又は重大な過失により他方当事者に損害を与えた場合、Ａ又はＢは相手方に対し、相手方が被った損害を賠償する。

　次に、②賠償範囲の明確化については、【サンプル3－10－5】のように、裁判実務上の争いになることの多い「特別な事情によって生じた損害」「逸失利益」といった概念を除くことを明記することで、損害賠償の範囲を限定できます。また、【サンプル3－10－6】のように、損害賠償請求の解決に必要な費用等を明確化することで、損害賠償の範囲を拡張できます。

【サンプル3－10－5】 賠償の範囲④

第○条（賠償の範囲）
　Ａ又はＢが、故意又は過失により他方当事者に損害を与えた場合、Ａ又はＢは相手方に対し、相手方が被った損害（通常の損害に限り、特別な事情によって生じた損害及び逸失利益を含まない）を賠償する。

【サンプル3−10−6】　賠償の範囲⑤

第○条（賠償の範囲）
　Ａ又はＢが、故意又は過失により他方当事者に損害を与えた場合、Ａ又はＢは相手方に対し、相手方が被った損害（紛争解決に要した弁護士費用、調査に要した調査費用及び鑑定費用を含む）を賠償する。

　さらに、目にする機会はあまり多くはないと思いますが、【サンプル3−10−7】のように、損害賠償請求ができる期間を制限する方法もあります。何も規定をおかなければ、債務不履行に基づく損害賠償請求権は、「債権者が権利を行使することができることを知った時から5年間」または「権利を行使することができる時から10年間」は権利行使が可能とされていますが（民法166条1項）、【サンプル3−10−7】のように規定することで、これを制限することが可能になります。

【サンプル3−10−7】　賠償の範囲⑥

第○条（賠償の範囲）
　Ａ又はＢが、故意又は過失により他方当事者に損害を与えた場合、Ａ又はＢは相手方に対し、相手方が被った損害を賠償する。但し、当該損害賠償請求権は、本契約締結日から3年以内に行使しなければならない。

　最後に、「特別な事情によって生じた損害」に関して、当事者が「当事者がその事情を予見すべきであった」か否かが争われる場合があります。このような紛争をなくすために、あらかじめ契約の目的等で「Ａが本契約を締結するのは、本物件を○年○月を目途に○○円で転売することを目的とするものであ

り……」といった文言を明記し、「当事者が認識していた」状態を作出してしまう方法があります。

このように損害賠償の範囲に関する規定は、さまざまなバリエーションが考えられるところですし、かつ実務的な経験や知恵が求められる部分です。安易な記載にとどまることなく、一歩踏み込んだ検討をしていただくと、より有益な内容の契約にできますので、参考にしてください。

⑵　違約金・損害賠償額の予定に関する規定

損害賠償額の予定の規定を設けることで、債権者にとっては損害額を立証する手間を省くことができるというメリットを得られます。他方で債務者にとってはリスクの上限を把握することができるというメリットがあります。この損害賠償額の予定に関する規定はさまざまな方法で活用できます。

たとえば、損害賠償額の予定額を高額なものにしておけば、契約の拘束力が強まり、契約の当事者は、お互いに契約をしっかりと履行しようという意識が働きます。逆に、損害賠償の予定額を一定限度に制限しておけば、契約の当事者は、その金額の支払いを覚悟するだけで、契約関係から自由に解放されうるという意味で、契約の拘束力を弱めることができるわけです。

規定の方法としては【サンプル3−10−8】のように「損害賠償額の予定」として明示する場合もあれば、【サンプル3−10−9】のように「違約金」として規定される場合もあり、さまざまです。

【民法（抜粋）】
（賠償額の予定）

> 第420条　当事者は、債務の不履行について損害賠償の額を予定することができる。
>
> 　2　賠償額の予定は、履行の請求又は解除権の行使を妨げない。
>
> 　3　違約金は、賠償額の予定と推定する。

【サンプル3−10−8】　損害賠償額の予定

> 第○条（損害賠償額の予定）
>
> 1　Ａ又はＢは、本契約に違反し、相手方に損害を与えた場合には、その損害の賠償として金300万円を直ちに支払う義務を負う。
>
> 2　前項の金額は損害賠償の額の予定とする。

【サンプル3−10−9】　違約金①

> 第○条（違約金）
>
> 　Ａ又はＢは、本契約に違反し、相手方に損害を与えた場合には、相手方に対して、違約金として金300万円を直ちに支払う。

　損害賠償を請求する側の当事者にとって、損害賠償額の予定は、苦労することが多い損害額の立証を容易にすることができるので有益です。すなわち、損害賠償を請求する場合には「損害が発生したこと」および「損害の額」を立証しなければなりませんが、実際に「損害の額」を立証するのはなかなか骨の折れる作業です。すべての証拠を提出できればよいのですが、証拠集めに時間がかかったり、証拠が散逸していたり、そもそも資料がなかったりすることも多いのが現実です。そのような意味では大いに有意義な規定です。

他方で、請求される側の当事者にとっても、損害賠償額の上限を把握することができるので、予測可能性が立ちやすく有益です。「損害賠償額の予定」と「違約金」は本来違うものです。すなわち、「損害賠償額の予定」の場合には、実際に損害が発生したことが前提として、その金額をあらかじめ定めておくものであるのに対し、「違約金」の場合は、実際に損害が発生しない場合であっても、予定していた金額支払義務が生じます。「違約金」は当事者に対する制裁的な「違約罰」としての意味合いであり、生じた損害の賠償とは別のものと考えるのが本来的な考え方です。

　ところが、民法420条3項が「違約金は、賠償額の予定と推定する」と規定している関係で「違約金」も「損害賠償額の予定」と扱われてしまいます。そのため、民法420条3項の適用を避けるためには、その点を契約書上も明確に規定しておく必要があります。

　具体的には、【サンプル3−10−10】のように、「違約金」が「違約罰」の性質を有していることと、別途損害賠償請求を行うことが妨げられないことを明示しておくべきです。

【サンプル3−10−10】　違約金②（違約罰）

第○条（違約金）

1　A又はBは、本契約に違反し、相手方に損害を与えた場合には、相手方に対して、違約金として金300万円を直ちに支払う。

2　前項の金員は違約罰として支払われるものであるから、損害を被った当事者は、前項の金員とは別に、相手方に対し、自らに生じた損害賠償を請求することができる。

なお、違約罰の金額設定について尋ねられることがあります。たとえば、M&Aがどちらかの買収総額の１％〜５％の違約金条項が設けられることも多いように思いますが、決まりはありません。あまりに高額な金額を設定した場合には、公序良俗に違反して無効になったり（民法90条）、消費者契約法に基づいて無効になったりするのですが（消費者契約法９条）、この点に関する明確な指標はありません。基準や決まりがないので、取引内容や当事者の属性等からみて、裁判所が個々の事情に基づいて判断することになります。

　もっとも、不動産取引に関して、宅地建物取引業法38条が、宅地建物取引業者が売主となる宅地建物の売買契約においては、「損害賠償額の予定」と「違約金」との合計額は売買代金の２割を超えてはならないと定めていますので、不動産取引についてはこの規定を遵守する必要があります。不動産取引の場合には価格が高額になりがちなため売買代金の２割に限定しているのだと思います。不動産取引以外の場合には任意に金額を設定できるわけですが、取引の対象やその価格を参考にしつつ検討してください。

　また、宅地建物取引業法38条は、宅地建物取引業者同士の売買取引については適用しないとされています（宅地建物取引業法78条２項）。さらに、消費者契約法９条によれば、事業者と消費者との間で締結された契約において、損害賠償額の予定額が契約の解除に伴い事業者に生ずべき平均的な損害の額を超えるときには、その超過部分の定めは無効になると規定しています。消費者契約法９条の定める「平均的な損害の額」とは、同一事業者が締結する多数の同種契約事案について類型的に考察した場合に算定される平均的な損害の額とされており、具体的

な額については、個別具体的に算定されます。

　これらの規定の趣旨からすると、取引当事者の属性、すなわち、同種の事業者間取引なのか、事業者と消費者間の取引なのかによって、さじ加減を変えつつ金額を決定する必要があります。

【宅地建物取引業法（抜粋）】

（損害賠償額の予定等の制限）

第38条　宅地建物取引業者がみずから売主となる宅地又は建物の売買契約において、当事者の債務の不履行を理由とする契約の解除に伴う損害賠償の額を予定し、又は違約金を定めるときは、これらを合算した額が代金の額の十分の二をこえることとなる定めをしてはならない。

　　2　前項の規定に反する特約は、代金の額の十分の二をこえる部分について、無効とする。

【消費者契約法（抜粋）】

（消費者が支払う損害賠償の額を予定する条項等の無効）

第9条　次の各号に掲げる消費者契約の条項は、当該各号に定める部分について、無効とする。

　　一　当該消費者契約の解除に伴う損害賠償の額を予定し、又は違約金を定める条項であって、これらを合算した額が、当該条項において設定された解除の事由、時期等の区分に応じ、当該消費者契約と同種の消費者契約の解除に伴い当該事業者に生ずべき平均的な損害の額を超えるもの　当該超える部分

　　二　当該消費者契約に基づき支払うべき金銭の全部又は一部を消費者が支払期日（支払回数が2以上である場合に

は、それぞれの支払期日。以下この号において同じ。）までに支払わない場合における損害賠償の額を予定し、又は違約金を定める条項であって、これらを合算した額が、支払期日の翌日からその支払をする日までの期間について、その日数に応じ、当該支払期日に支払うべき額から当該支払期日に支払うべき額のうち既に支払われた額を控除した額に年14.6パーセントの割合を乗じて計算した額を超えるもの　当該超える部分

(3)　遅延損害金に関する規定

　契約書に規定がなければ、遅延損害金は年3分になります（民法404条）。そのため、これと異なる利率を設定する場合には契約書の中で、遅延損害金に関する規定を設ける必要があります。なお、この約定利率の上限については、民法には制限はありません。金銭消費貸借契約など貸金債権の遅延損害金の場合には利息制限法の適用を受けて利息制限法1条1項に定められている利率の1.46倍と定められています（利息制限法4条）。また、請負契約における下請業者への下請代金の支払遅延に対する遅延利息の利率は年14.6%と定められています（下請代金支払遅延等防止法4条の2等）。そのため、これらの規定を参考にして年14.6%と規定する例もよく目にします。なお、あまりに高額な遅延損害金の設定は公序良俗に違反して無効（民法90条）とされることもあるので、注意が必要です。

【民法（抜粋）】
（金銭債務の特則）
第419条　金銭の給付を目的とする債務の不履行については、そ

の損害賠償の額は、債務者が遅滞の責任を負った最初の時点における法定利率によって定める。ただし、約定利率が法定利率を超えるときは、約定利率による。

2 　前項の損害賠償については、債権者は、損害の証明をすることを要しない。

3 　第一項の損害賠償については、債務者は、不可抗力をもって抗弁とすることができない。

【サンプル 3 −10−11】 遅延損害金

第○条（遅延損害金）

　Ｂが本件代金の履行を怠ったときは、ＢはＡに対して、本件代金の支払期日の翌日から完済に至るまで年14.6%の割合による遅延損害金を支払うものとする。

11. 人間関係担保

担保権の設定にはさまざまなものが考えられます。ここでは、拙著『弁護士に学ぶ！　債権回収のゴールデンルール〔第2版〕——迅速かつ確実な実践的手法』（弁護士に学ぶシリーズ）でも紹介した「人間関係担保」という新しいしくみを紹介させていただきます。

人とのつながりやSNS上のコメント等に気を配りながら生活している人が増えています。そのような背景を利用して新たな担保を設定することができないかと考えたのが事の始まりでした。自分自身もそうですが、周りの人に悪く思われたり、誤解されたりは望みません。誹謗中傷はもちろん、何らかのマイナスの評価だって受けたくはありません。特に自分がリアルでつながっている人々からは……ということを考えているうちに「そのような心理状態を利用すれば、新たな担保権として活用できるのではないか？」と思いつきました。それが「（仮）人間関係担保」という方法です。

これは法律で定められているわけでもありませんし、実務で広く通用しているわけでもありません。他に同じようなことをしている弁護士はいるかもしれません。

ただ、誰かから聞いたわけではなく、私個人が独自に思いついて使い始めたメソッドです。ネーミングも今一つで、これから何かよい名前をつけることができるかもしれませんが、今のところは「（仮）人間関係担保」と名づけて紹介したり、実践

したりしています。

　何をどのようにするかというと、債権者と債務者の合意のもとで、債務者のスマートフォン内のデータを SD カードに移し債権者に渡してもらったり、債務者のスマートフォン内のデータを USB ケーブルによって債権者の PC に移してもらったり、他のスマートフォン端末に移管してもらったりして保管します。データを移すのが難しい場合には、Apple ID を教えてもらったりして、それを保管したりします。これは債権者と債務者の意向や人間関係次第で、さまざまな情報を担保として扱います。他方で、債権者は、債務者に対して、債権の支払いが続いている限り債権者は情報を見たり使用したりはしないと約束する形になります。

　契約書に規定する具体的な条項例について説明します。たとえば、A が B に対して、100万円を貸していて、その支払いを担保するために、A が B のスマートフォン内のデータの有する価値に担保権を設定するイメージです。

【サンプル 3 －11－ 1】　人間関係担保

第○条（人間関係担保）

1　B は、A に対して、A が B に対して有する貸付金債権金○○○○○円（以下「本件債務」という）の支払いを担保する目的で、B の保有するスマートフォン内のデータ（電話帳のデータを含むがこれに限らない。以下「本件データ」という）のコピーを移転する。

2　A は、B が本契約の定める各条項を遵守する限りは、本件データを閲覧し、又はいかなる用途でも使用してはならない。

3　A は、B が本契約に違反した場合には、本件データを閲覧

> し、又は使用することができる。A及びBは、Aが使用する
> ことができる使用形態については別途協議して決定する。

　【サンプル3−11−1】では、第3項で「使用形態について
は別途協議して決定する」としているのは、たとえば、Bが
約束を破って音信不通になった場合に、Aは本件データを利
用してBの知合いに「Bがどこにいるか知りませんか？」と
連絡をとることができる等を定めるのです。実際に適用する場
面では、連絡をとることができる対象を限定したり、Aが伝
えられる発言内容等を限定しなければ、公序良俗に違反したり
（民法90条）、勢い余ってAが名誉毀損罪（刑法230条）や信用毀
損罪（刑法233条）に該当する可能性があるので、慎重に運用し
なければなりません。

　このあたりの内容は、AとBの関係性、AとBの間の従前
の経緯、本件債務の金額、その他の返済条件を聞いたうえで個
別に設定していく必要がありますので、弁護士に相談して注意
点をよく確認したうえで活用することが大切です。

　以上が（仮）人間関係担保の例ですが、個人の人的関係以外
にも、たとえば、航空会社が発行しているマイレージや、企業
が発行しているポイントや、暗号資産なども財産的価値のある
もので、それらに対する担保権の設定を行ったりすることもあ
ります。いずれも典型的なものではないため、条項の規定の仕
方や制度設計を慎重に行う必要がありますが、「何か担保にと
れそうなものはないか？」「何を担保にとれば債務者が債務を
ちゃんと履行してもらえるようになるか？」といった観点から、
債務者の生活状況を観察したり、債務者と話合いを行ったりす
ることで、いろいろな内容を想定することが可能だと思います。

そのため、ぜひ、想像力を駆使しながら、実情に応じた担保設定を行ってください。

12. 連帯保証人

　契約の当事者以外の第三者に、債務者と連帯して債務を負担してもらい、債務者の財産状態が悪化して支払いが滞った場合に、当該第三者に履行を請求して債権を回収するために連帯保証人を立てる場合があります。当該第三者は債務者と同様の債務を負担することになります。

(1)　極度額の記載の要否

　売買契約書、リース契約書、賃貸借契約書、金銭消費貸借契約書、取引基本契約書、業務委託契約書などさまざまな契約書で、連帯保証人に関する契約条項が規定されます。

　2017年（平成29年）改正民法では、将来発生する不特定の債務を保証する個人の「根保証」の場合には、連帯保証人が支払いの責任を負う金額の上限となる「極度額」を定めなければ、連帯保証契約自体が無効になることになりました（民法465条の2）。具体的には【サンプル3－12－1】のような形で責任の範囲が明確になるように規定する必要があります（○○○○○には極度額として具体的な金額を記載してください）。

　悩ましいのは、極度額をいくらにすればよいのかといった点です。この点について、法律に定められたルールはありませんので、自由に金額を設定できます。債権者としては、金額が高ければ高いほうが安心ということになると思いますが、逆にあまり高くなってしまうと、連帯保証人になる人がいなくなって

しまうことも予想されるので、そのあたりの均衡をとって金額を設定することになります。

【サンプル3－12－1】　連帯保証人①

第○条（連帯保証人）
　連帯保証人は、BがAに対して本契約に基づいて負担する一切の債務について、○○○○○円を限度として連帯して保証し、Bに連帯して保証し、支払いの責めを負う。

⑵　事業のために負担する債務についての連帯保証人に対する情報提供義務

　事業のために負担する債務についての連帯保証人の候補者を保護するために、改正民法では、新たに主債務者から連帯保証人に主債務者の財産状況などを情報提供することが義務づけられました（民法465条の10）。

　そして、主債務者が連帯保証人に対して情報提供を怠り、連帯保証人が主債務者の財産状況等を誤解して連帯保証人になることを承諾した場合で、かつ債権者がそれを知っていたり、または知らないことに過失があった場合には、連帯保証人は連帯保証契約を取り消すことができるとされていますので（民法465条の10）、注意が必要です。

　主債務者から連帯保証人への情報提供が義務づけられた項目は「主債務者の財産及び収支の状況」「主債務者が主債務以外に負担している債務の有無並びにその額及び履行状況」「主債務者が主たる債務の担保として他に提供し、又は提供しようとするものがあるときは、その旨及びその内容」です。そのため、契約書においてこれらの項目を記載する欄を設けて、主債務者

に記載してもらったうえで、連帯保証人に署名、捺印を求めることで、主債務者に連帯保証人への情報提供義務を確実に果たさせる形式で用意しておかれるとよいと思います。

【サンプル3-12-2】 連帯保証人②

第○条（連帯保証契約に関する表明保証）

1　借主Bは、貸主Aに対して、連帯保証人Cに連帯保証を委託するに際して、借主Bに関して以下の情報を提供したことを表明し、保証する。

① 財産及び収支の状況

② 本契約に基づく債務以外に負担している債務の有無並びにその額及び履行状況

③ 本契約の債務の担保として他に提供し、又は提供しようとするものがあるときは、その旨及びその内容

2　借主Bは、貸主Aに対して、借主Bが連帯保証人Cに提供した前項の情報がいずれも真実であることを表明し、保証する。

3　連帯保証人Cは、貸主Aに対して、本契約に基づき連帯保証債務を負担するにあたり、本条第1項の情報提供を受けたことを表明し、保証する。

---

(3)　公正証書による保証意思の確認手続

改正民法では、保証人保護の観点から、事業のために負担した貸金等を主債務とする保証契約については、保証契約締結1カ月以内に公正証書で保証債務を負担する意思を確認しなければ原則として無効になります（民法465条の6第1項）。

ただし、保証人が、法人である場合（民法465条の6第3項）、

主債務者が法人である場合の理事、取締役、執行役またはこれらに準ずる者である場合（民法465条の9第1号）、オーナー株主の場合（民法465条の9第2号）、個人事業主の配偶者の場合（民法465条の9第3号）には、公正証書による保証意思の確認手続は不要とされています。このように「事業のために負担した貸金等を主債務とする保証契約」か否かによって、公正証書で保証意思を確認する手続の要否が変わってきます。

　したがって、金銭消費貸借契約で、事業用融資として使用しない場合には、【サンプル3－12－3】や【サンプル3－12－4】の規定を設けて、資金使途を明確にしつつ、公正証書で保証意思を確認する手続をしなかったとしても、保証契約が無効にならないように手当する方法がおすすめです。

【サンプル3－12－3】　連帯保証人③（債務の資金使途①）

第○条（資金使途）
　貸主A及び借主Bは、本契約に基づいて貸主Aが借主Bに貸与した貸付金は、借主Bが事業のために使用するために借り受けたものではないことを確認する。

【サンプル3－12－4】　連帯保証人④（債務の資金使途②）

第○条（資金使途）
　借主Bは、貸主Aに対して、本契約に基づいて貸主Aから貸与受けた貸付金を借主Bの事業用途に費消しないことを誓約する。

⑷　時効の完成猶予の効力

　改正民法では、連帯保証人に対する履行請求は、主債務者に

対する時効の完成猶予の効力を生じないこととなりました（民法458条・441条）。そのため、連帯保証人に対する履行請求の効力を主債務者に及ぼすためには、【サンプル3－12－5】のような規定をおく必要があります。

【サンプル3－12－5】 連帯保証人⑤（時効の完成猶予）

第○条（連帯保証人に対する請求による時効の完成猶予）
　　買主Bは、売主Aが連帯保証人に対して、保証債務の履行を請求した場合には、その効力は買主Bに生じることを予め承認する。

(5)　連帯保証の追加条項

　連帯保証人が保証能力を失った場合に備える意味では、連帯保証人の追加を要求する条項を規定する方法がありますので、必要に応じて採用してください。

【サンプル3－12－6】 連帯保証人⑥（追加）

第○条（連帯保証人の追加）
　　連帯保証人Cの死亡・破産その他の事由により、連帯保証人が欠け、又は保証能力を喪失した場合には、Bは直ちに十分な資力を有する第三者を代わりの連帯保証人を選任して、Aに通知した上で、AとB及びCの間で新たに連帯保証契約を締結しなければならない。

13. 一般条項⑬ 不可抗力

⑴ 不可抗力条項とは

当事者のいずれのせいでもなく生じる不可抗力に関する規定が設けられる場合があります。

【サンプル３−13−１】および【サンプル３−13−２】をご覧ください。たとえば、契約の相手方に契約の目的物を届ける途中で交通事故に巻き込まれたり、海外から商品を輸入し国内で販売する契約を結んでいたところ海外でテロや暴動が発生したり、大規模な地震が発生して契約期限内に履行できなくなったり、契約締結後に思わぬ事態が発生し、それによって契約が履行できなくなった場合に、契約の効力をどうするかといった観点であらかじめ手当てをしておきます。

ポイントは、①不可抗力の内容を明確にすることと、②効果を明示しておくことです。

【サンプル３−13−１】 不可抗力条項①

第○条（不可抗力による免責）

戦争、革命、テロ行為、暴動、天変地変、法令の改廃・制定、公権力による処分・命令、争議行為、輸送機関の事故、伝染病感染症の流行、その他の不可抗力により、個別契約の全部又は一部の履行の遅滞または不能が生じた場合は、Ａ又はＢは互いにその責任を負わない。

【サンプル3−13−2】 不可抗力条項②

第○条（不可抗力による免責）

　風水害・地震・落雷等の天災地変、伝染病や感染症の流行、革命・戦争・内乱・暴動等の社会的事変、政府の規則・法令の改廃及び制定、政府等による命令・処分・指導等の公権力の行使、ストライキ・ロックアウト、火事、輸送機関又は倉庫業者の保管中の事故、製造業者の債務不履行、通関・入港の遅延、その他の不可抗力により、AがBに対して目的物を納入できないときは、その事由が継続する限りAは遅滞の責めを負わない。

⑵　法律の規定

Ⓐ　原則（過失責任主義）

　それでは、このような不可抗力条項がなかったらどうなるかを考えてみましょう。法律上の原則は過失責任主義です。過失責任主義とは、契約の当事者は、故意または過失によって他に損害を与えた場合に限り、その賠償責任を負うという原則のことです。したがって、不可抗力のように当事者に故意または過失がない場合には、責任を負うことはないというのが法律上の原則です。

Ⓑ　例外（金銭債務の場合）

　この原則には例外があります。たとえば、民法419条3項は、金銭を支払う債務においては不可抗力をもって抗弁にできないと規定しています。すなわち、契約当事者の債務が金銭債務の場合には、本来契約を履行できなかった当事者は、当該当事者が契約を履行できなかったのが不可抗力によるものだったと立証したとしても、相手方からの損害賠償請求や解除等の責任追

及を防ぐことができません。

【民法（抜粋）】

（金銭債務の特則）

第419条　金銭の給付を目的とする債務の不履行については、そ
　　　　　の損害賠償の額は、債務者が遅滞の責任を負った最初の
　　　　　時点における法定利率によって定める。ただし、約定利
　　　　　率が法定利率を超えるときは、約定利率による。

　　　2　前項の損害賠償については、債権者は、損害の証明を
　　　　　することを要しない。

　　　3　第1項の損害賠償については、債務者は、不可抗力を
　　　　　もって抗弁とすることができない。

---

(3)　契約書に不可抗力条項を規定する意味

　不可抗力条項を規定しなかったとしても、過失責任主義によ
れば、不可抗力である限り当事者が債務不履行責任を負うこと
はありません。ただし、法律実務上は当事者の責めに帰すべき
事由か否かが争われることがあります。そのため、不可抗力条
項で不可抗力事由を明確に定めておくことで、このような争い
を避け、当該条項に該当する事態が生じたことだけ立証すれば、
免責されるように設計しておくのです。

14

一般条項⑭
完全合意

　契約の中には時間をかけて契約交渉を行い、最終的に一定の条件で契約締結に至るような場合があります。そのような取引の場合には、最終的な契約書の締結までの間に、当事者間でさまざまな合意や了解が行われますが、それらがすべて当事者の合意事項になってしまうと、契約当事者にとって大きなリスクになる可能性があります。そのような場合に、最終的に締結した契約書に規定されている内容についてだけ、契約の当事者に拘束力をもたせて、それまでの合意については拘束力をもたせないようにするための規定が設けられる場合があります。これを「完全合意条項」といい、【サンプル3－14－1】のような形で規定されます。

【サンプル3－14－1】　完全合意条項

第○条（完全合意）
　本合意は、本合意書で定める事項に関するA及びBの完全なる合意を構成するものである。そのため、A及びBは、本合意書の締結前にかかる事項に関して、A及びBの間で締結された一切の契約等は本合意書の締結をもって全て失効することに同意する。

　完全合意条項は、法律で規定されているものではなく、当事者の合意によって契約書に盛り込まれるもので、裁判所もその有効性を前提にしています。

たとえば、下級審の裁判例ですが、株式譲渡契約に関する完全合意条項の有効性が争われた裁判例で「契約の締結に関与した者はいずれも会社の役員や弁護士であり、右のような事務に関しては十分な経験を有し、契約書に定められた個々の条項の意味内容についても十分理解し得る能力を有していたというべきであるから、本件においては、右条項にその文言どおりの効力を認めるべきである。すなわち、本契約の解釈にあたっては、契約書以外の外部の証拠によって、各条項の意味内容を変更したり、補充したりすることはできず、専ら各条項の文言のみに基づいて当事者の意思を確定しなければならない」（東京地方裁判所平成7年12月13日判決／判夕938号160頁）と判示して有効性を認めた裁判例があります。

　また、液晶パネル等の特許ライセンス契約において、契約書に明記されていない最恵待遇条項の合意の成否が争点となった事案について、「本件契約書には完全合意条項が設けられているから、仮に、本件契約締結前に、……最恵待遇条項の合意が成立していたとしても、原告と被告との間に、本件契約書に明記されていない最恵待遇条項を含む契約が成立したものとは認め難い」（東京地方裁判所平成18年12月25日判決／判時1964号106頁）として、完全合意条項が存在していることを根拠として、契約書に明記されていない合意を否定した裁判例があります。なお、最恵待遇条項というのは、今後別の契約相手とより有利な契約条件で契約を締結することになれば、その契約条件を先の現在の契約相手に対しても与える旨の定めのことです。多くの契約に規定される一般条項ではなく、投資契約やラインセンス契約等、一定の契約で規定されることが多い印象です。

　完全合意条項を定める場合には、規定の必要性を含めて慎重

に検討する必要があります。というのは、完全合意条項は、契約書に書いている内容しか認めないというものなので、非常に強い効果をもつ規定だからです。特に日本の契約書の場合には、簡潔なものも多く、必ずしも十分な契約条項が定められていなかったり、曖昧な解釈の余地が残る規定しかなかったりする場合が多いと思います。そのような場合には従前の話合いの経緯や、事前のやりとりを参考にして契約の解釈を行う必要があるわけですが、完全合意条項があると、従前の話合いの内容は一切参考にされないことになり、当事者の真意を認定することができず、かえってトラブルや紛争の種になりかねません。そのため、完全合意条項を定めた契約書を締結する場合には、契約書の内容をくまなく見て、意図した内容が適切に表現され尽くしているか、誤解を生む余地はないかを、いつも以上に慎重に確認することが不可欠です。

15.

契約費用の負担

　契約費用を当事者のどちらが負担するかを規定する場合があります。契約費用といってもどのような費用が契約費用に含まれるかは一義的に明確ではありませんので「本契約書に貼付する印紙代」など具体的に規定して明確な規定をおくように心がけてください。

【サンプル3－15－1】　契約費用の負担

第○条（契約費用の負担）
　本契約書に貼付する印紙代はＡが負担する。

16.

分離可能性

　契約書に定めた一部の条項が無効になった場合でも、他の条項には影響を及ぼさないようにするための規定を分離可能性条項といいます。一部の条項が無効と判断されたとしても契約書全体の効力に影響を及ぼさないようにするための規定です。

【サンプル3－16－1】　分離可能性条項

第○条（分離可能性）
　本条項のいずれかが違法又は無効と判断された場合であっても、当該条項以外の本契約の規定の効力は影響を受けないものとする。

第3章

各契約書に共通する一般条項

232

17.

準拠法

　国際的な取引を行う場合には準拠法に関する条項を規定する必要があります。準拠法に関する条項は、契約の法的解釈を行う場合に、どの国の法律を基準として解釈するかをあらかじめ規定しておくものです。

　当事者が契約で準拠法を選択している場合、法律行為の成立および効力は契約の際に当事者の選択した国や州になります（法の適用に関する通則法7条）。

　他方で、当事者が準拠法を選択していない場合には、法律行為の成立および効力は、当該法律行為の当時、当該法律行為に最も密接な関係のある地の法律によるとされており（法の適用に関する通則法8条1項）、不確定性が残ります。

　そのため、日本国内に所在する当事者同士の契約であればあえて規定する必要はありませんが、外国の企業や自然人と取引する場合には、準拠法条項を規定しておくほうが安心です。

【サンプル3−17−1】　準拠法

第○条（準拠法）
　本契約は、日本法に準拠し、日本法に従って解釈される。

18

一般条項⑱
紛争解決方法

(1) 専属的合意管轄

　契約書に定められたことを相手が守らなかったらどうするか。強制的にそれを実現させるために裁判を提起することが考えられます。そして裁判には管轄というものがあります。お互いが合意して定めた裁判所がなければ法律の規定に従ってどこの裁判所になるのかの割り振りが決まっていきます。そのために、お互いに便利な裁判所をあらかじめ指定しておいたり、一方に有利な裁判所をあらかじめ要求しておいたりすることも、将来の紛争の備えとしては大切なことです。

　また、この合意管轄は、予防法務的にも意味があります。たとえば、札幌の会社Aと福岡の会社Bが契約を締結して、その契約書の合意管轄が福岡地方裁判所となっていたとします。そして、取引の中で、何か問題が起きそうになったとき、裁判に踏みきるかどうかの判断を行います。その際に、札幌のA社は容易に裁判には踏みきることができないはずです。費用対効果を考えるとあまりにも大きなコストが生じる可能性があるからです。

　専属的合意管轄条項の規定例については、【サンプル3−18−1】のように特定の裁判所を管轄裁判所として合意する場合もあれば、【サンプル3−18−2】のように当事者の一方の住所地を管轄裁判所として合意する場合もあります。どの裁判所

を選定するかは当事者が合意により自由に定めることができるのですが、お互いが譲らず合意ができないような場合には、【サンプル3−18−3】の訴訟を提起される側の住所地の裁判所を選定することも妥協点としてはあり得ます。当事者のいずれに責任があるかにかかわらず、訴える側は自分の意思で訴訟を提起することができますが、訴えられる側は訴えられた段階で応訴の負担が生じてしまい、大きな負担を強いられることになるからです。

【サンプル3−18−1】 専属的合意管轄条項①

第○条（専属的合意管轄）
　A及びBは、本契約に関する一切の裁判上の紛争については、その訴額に応じて、札幌簡易裁判所又は札幌地方裁判所を専属的管轄裁判所とすることに合意する。

【サンプル3−18−2】 専属的合意管轄条項②

第○条（専属的合意管轄）
　本契約に関する訴訟の必要が生じた場合には、Aの住所地を管轄する地方裁判所又は簡易裁判所を専属的合意管轄裁判所とする。

【サンプル3−18−3】 専属的合意管轄条項③

第○条（専属的合意管轄）
　本契約に関する訴訟の必要が生じた場合には、被告となる当事者の住所地を管轄する地方裁判所又は簡易裁判所を専属的合意管轄裁判所とする。

　なお、【サンプル3−18−1】【サンプル3−18−2】【サン

プル3−18−3】はいずれも「専属的」という文言を記載していますが、専属的管轄裁判所を合意する場合には、「専属的」の文言を明示する必要があります。合意された管轄が専属的か明らかではない場合には、付加的合意がなされたものと観るべきであると判断した裁判例（大阪高等裁判所平成2年2月21日決定／判タ732号270頁）があるので、注意してください。

　また、民事調停事件で、訴訟についての合意があれば、調停についても管轄の合意があると解してよいかが争われた事例で、訴訟についての合意があったとしても、調停についての合意があったと解することはできないと判断している裁判例（大阪地方裁判所平成29年9月29日決定／判タ1448号148頁）があります。そのため、調停についても合意する場合には、【サンプル3−18−4】のように規定する必要があります。

【サンプル3−18−4】　調停について合意する場合

> 　A及びBは、本契約に関して当事者間で訴訟又は調停手続を行う必要が生じた場合には、札幌簡易裁判所又は札幌地方裁判所を管轄裁判所とすることに合意する。

⑵　仲裁合意

　裁判以外の紛争解決方法として、仲裁手続を利用したほうが望ましい場合があります。仲裁は、当事者が紛争についての判断を、中立的第三者である仲裁人の判断に委ね、それに従うことをあらかじめ合意することを前提として行われる紛争解決制度です。仲裁制度は1回限りで、裁判のように控訴や上告はできませんので迅速な解決が期待できます。また、裁判の場合には裁判官を選ぶことができませんが、仲裁の場合には事案の特

性に応じて専門性を有する仲裁人を選ぶことができます。最終的に、仲裁手続は、仲裁人が仲裁判断を行うことにより終了し、仲裁判断に対しては、特別の場合を除き、不服申立ても、裁判で争うこともできません。仲裁判断は、確定判決と同じ効力を有し、裁判所の執行決定を得ることにより、仲裁判断に基づいて強制執行することが可能です。

【サンプル 3 −18− 5 】は、一般社団法人日本商事仲裁協会の仲裁手続を利用する場合のサンプルです。それ以外の仲裁機関を選ぶ場合には、「一般社団法人日本商事仲裁協会の商事仲裁規則に従って」の部分を変更することで、修正します。

【サンプル 3 −18− 5 】　仲裁手続を利用する場合

第○条（仲裁合意）
　本契約から又は本契約に関連して生ずることがあるすべての紛争、論争又は意見の相違は、一般社団法人日本商事仲裁協会の商事仲裁規則に従って仲裁により最終的に解決されるものとする。仲裁地は東京（日本）とする。

19.

協議解決

　協議解決条項は、【サンプル3－19－1】のように規定されます。この協議解決条項を規定することで、交渉相手が約束を守らなかったり、こちら側が約束を守れなかったりした場合に、まずはとにかくもう一度話合いをして解決できる途を残しておくことになります。

　【サンプル3－19－1】　協議解決条項

第○条（協議解決）
　本契約に関する疑義又は定めのない事項については、A及びBが誠意をもって協議のうえ解決を図るものとする。

Chapter・4

....

各種契約の
具体的内容と注意点

Introduction

　第1章から第3章では、さまざまな契約類型に共通する一般
条項について説明させていただきましたが、ここまでの内容で
[図4-0-1]（当該契約に特有の条項）のような状況で理解
ができたと思います。

　一般条項は契約類型を問わず、さまざまな契約に適用される
汎用性の高い規定なので、一般条項の内容を理解することで、
契約書を作成したり、確認したり、修正したりする作業を格段
に早く進めることができるようになります。多くの弁護士が契
約書を早く読み解くことができるのも、一般条項の各規定の特
徴や一般的な内容については、すでに頭に入っているからです。

　そして、第4章では、いよいよ、各種の契約類型ごとに注意
すべき規定を中心に説明します。ここからは[図4-0-1]
（当該契約に特有の条項）に記載のある「当該契約に特有の条
項」の内容を確定していく作業になります。すでに「第2章
契約の種類と基本フレーム」の「1　契約の種類①典型契約」
では一般的な契約類型として「移転型」「利用型」「労務型」
「その他」の契約類型について個別に説明をしましたが、「移転
型」「利用型」「労務型」「提携型」といった契約類型ごとに、
それぞれ注意すべきポイントを順に説明していきます。

[図4－0－1] 当該契約に特有の条項

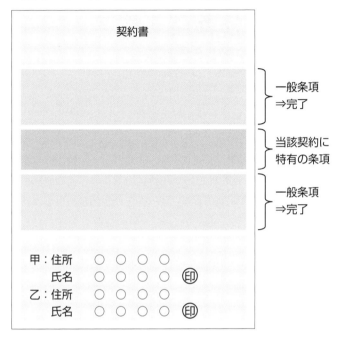

契約書

一般条項
⇒完了

当該契約に
特有の条項

一般条項
⇒完了

甲：住所 〇 〇 〇 〇
　　氏名 〇 〇 〇 〇 ㊞
乙：住所 〇 〇 〇 〇
　　氏名 〇 〇 〇 〇 ㊞

1. 移転型／渡す・受け取る

(1) 移転型の契約

　移転型の典型契約には、①贈与、②売買、③交換があります
が、その中でも代表的なものが売買契約です。ここでは売買契
約を例として、移転型の契約で注意すべき点を説明します。
［図4－1－1］（売買契約のイメージ）をご覧ください。これ
はAさんがBさんに10万円で商品を売り、BさんがAさんか
ら10万円で商品を買う場合のイメージ図です。この例を基に話
を進めていきます。

［図4－1－1］　売買契約のイメージ

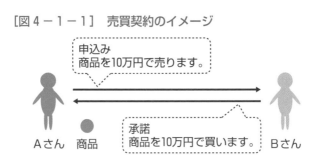

申込み
商品を10万円で売ります。

承諾
商品を10万円で買います。

Aさん　商品　　　　　　　　　　　　　Bさん

⑵　売買契約の流れの中で注意すべきポイント

　売買契約の合意から履行（Ａさんが Ｂさんに商品を引き渡し、
Ｂさんが Ａさんに代金を支払う）が完了するまでの流れをまと
めたのが、［図４－１－２］（売買契約のフロー①）です。①か
ら④までの番号が付してありますが、各場面において、Ａさ
んと Ｂさんのそれぞれの立場で注意すべきポイントがあるの
で、順に説明していきます。

　［図４－１－２］　売買契約のフロー①

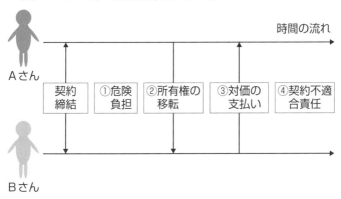

⒜　危険負担

　売買契約を締結した後、目的物の権利や占有を移転する前の
段階で、契約の目的物が滅失した場合に、Ａさんと Ｂさんの
それぞれの義務がどのようになるかをあらかじめ定めておく必
要があります。当事者の責めに帰すべき事由がある場合には問
題はないと思いますが、地震や落雷など、当事者に責任がない

事由によって目的物が滅失・毀損した場合に、ＡさんがＢさんに対して売買代金を請求することができるかという問題があります。これを「危険負担」といいます。

　危険負担の扱いについて、目的物が滅失・毀損してしまった場合でもＡさんがＢさんに対して売買代金を請求することができるという考え方と、目的物が滅失・毀損してしまった場合にはＡさんはＢさんに対して売買代金を請求することができないという考え方があります。前者は目的物の引渡請求権についての債権者であるＢさんがリスクを負担するという意味で「債権者主義」といわれます。後者は目的物の引渡請求権についての債務者であるＡさんがリスクを負担するという意味で「債務者主義」といわれます。

　危険負担に関する民法の規定は任意規定なので、当事者が合意によって民法の規定と異なる定めをすることができます。そのため、危険負担をどのように考えるかを、当事者の合意のもとで契約書に明確に規定しておく必要が生じます。

　取引上の立場の優劣、当事者の関係によってさまざまな規定を設けることが考えられますが、一般的には、【サンプル４－１－１】のように、債務者主義を採用して、ＡさんがＢさんに目的物を実際に引き渡したときに危険も移転するという内容にすることが多いと思います。目的物を自分の占有下においた者が危険を負担すると考えるのが最も当事者にとって公平であるからです。

　他方で、【サンプル４－１－２】のように、債権者主義を採用することもありますし、【サンプル４－１－３】のように、債務者主義と債権者主義の中間的な規定を設けることもできます。規定の仕方は取引の実情に応じて多様なものが存在してい

ます。危険負担をどのように設定するかについては、当事者が自由に決定することができるので、契約書の作成や確認の際には、自分の意向が十分に反映されているか、過度にリスクを負担させられる内容になっていないかを慎重に見極めてください。

【サンプル4－1－1】　危険負担①（債務者主義）

第○条（危険負担）
　Ａの責めに帰すことのできない事由により、Ｂに対する引渡し前に目的物が滅失又は毀損した場合の損害は、Ａの負担とする。

【サンプル4－1－2】　危険負担②（債権者主義）

第○条（危険負担）
　Ａの責めに帰すことのできない事由により、Ｂに対する引渡し前に目的物が滅失又は毀損した場合の損害は、Ｂの負担とする。

【サンプル4－1－3】　危険負担③（債務者主義と債権者主義の中間的な規定）

第○条（危険負担）
　Ａの責めに帰すことのできない事由により、Ｂに対する引渡し前に目的物が滅失又は毀損した場合の損害は、Ａ及びＢが折半して負担する。

　ちなみに、法律上は、目的物が滅失または毀損し、当事者双方に帰責事由がない場合には、債務者は債権者に履行を拒絶できます（民法536条）。ただ、履行は拒絶できますが、債務自体が消滅するわけではないので、債務を消滅させるためには解除

できるようにしておく必要があります。その場合の規定は【サンプル4－1－4】をご覧ください。

【サンプル4－1－4】 債務を消滅させるために解除できる規定

第○条（危険負担）

A及びBは、当事者の責めに帰すべからざる事由に基づき、引渡し前に生じた本件商品の滅失、毀損、盗難その他の危険が生じた場合には、Aがこれを負担し、引渡し完了後は、Bがこれを負担することとする。この場合、A又はBは、相手方に対して、書面により通知して本契約を解除することができる。

【民法（抜粋）】

（債務者の危険負担等）

第536条　当事者双方の責めに帰することができない事由によって債務を履行することができなくなったときは、債権者は、反対給付の履行を拒むことができる。

2　債権者の責めに帰すべき事由によって債務を履行することができなくなったときは、債権者は、反対給付の履行を拒むことができない。この場合において、債務者は、自己の債務を免れたことによって利益を得たときは、これを債権者に償還しなければならない。

(B) 所有権の移転

AさんがBさんに対して目的物を移転する場合には、所有権の移転時期をどのように考えるか、実際の目的物の引渡しをどのように行うか、たとえば場所や方法などについても明確に定めておく必要があります。特に遠隔地にいる当事者間での売

買契約の場合には、目的物の輸送にかかる費用を誰がどのように負担するかについても規定しておく場合もあります。なお、［図 4 － 1 － 2 ］（売買契約のフロー①）では、A さんが B さんに対して目的物の所有権を移転した後に、B さんから A さんに対して代金が支払われる内容にしています。買主である B さんにとっては、先に A さんから所有権を移転してもらったほうが安心して取引をすることができます。この場合の規定は【サンプル 4 － 1 － 5 】をご覧ください。

　【サンプル 4 － 1 － 5 】　所有権の移転①

第○条（所有権の移転）
　A から B に対して目的物を引き渡したときに目的物の所有権も移転する。

　しかし、他方で、［図 4 － 1 － 3 ］（売買契約のフロー②）や【サンプル 4 － 1 － 6 】のように所有権の移転よりも売買代金の支払いを先にすることがあります。売主である A さんにとっては、先に B さんから売買代金を支払ってもらったほうが安心して取引をすることができるからです。

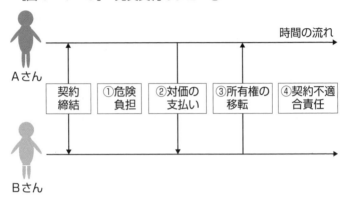

[図４−１−３] 売買契約のフロー②

時間の流れ

Aさん

契約締結 → ①危険負担 → ②対価の支払い → ③所有権の移転 → ④契約不適合責任

Bさん

【サンプル４−１−６】 所有権の移転②

第○条（所有権の移転）
　Ｂから Ａ に対して目的物の売買代金全額が支払われた後、１週間以内に Ａ は Ｂ に対して目的物を引き渡し、所有権も移転する。

　さらには、[図４−１−４]（売買契約のフロー③）や【サンプル４−１−７】のように売買代金の支払いと同時に所有権が移転するという内容も当事者にとっては公平な内容だとも考えられます。このように所有権の移転時期をどのように規定するかについても、契約締結実務上は、当事者の合意によって自由に定めることができる事柄です。実際には、Ａ さんと Ｂ さんの取引上の立場の優劣や他の規定とも絡んだ当事者双方の思惑などによって、最終的にどのような内容で合意するかが決まることになります。

[図４－１－４] 売買契約のフロー③

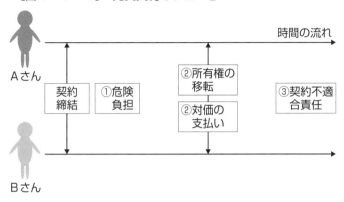

【サンプル４－１－７】 所有権の移転③

第○条（所有権の移転）
　ＢのＡに対する売買代金の支払いが完了するのと引き換えに、目的物の所有権もＡからＢに移転する。

ⓒ　対価の支払い

　ＢさんのＡさんに対する対価の支払方法や支払時期について も決めておく必要があります。現金で一括して支払う場合で あれば明確ですが、ＢさんがＡさんに対して何回かに分けて 分割で支払いを行うような場合には、各回の時期や金額につい て明確に定めておく必要があります。高価な商品の売買契約の 場合には、対価も高額になりがちです。そのような場合には、 一括払いではなく、分割払いによって対価の支払いが行われま す。いつ、どのように支払うかについては、Ａさんにとって も、Ｂさんにとっても重要な事柄なので、当事者がよく話し

合いながら決定していく必要があります。

【サンプル4－1－8】 売買代金の支払い

> 第○条（売買代金の支払い）
>
> 　ＢはＡに対して、令和○年○月○日限り、本件売買契約に基づく対価として金○○円を別途Ａが指定する銀行口座に振込み支払うものとする。なお、かかる振込みに要する費用はＢの負担とする。

Ⓓ　契約不適合責任

　売買契約に基づいて、ＡさんがＢさんに目的物を移転して、ＢさんがＡさんに代金の全額を支払ったとしても、ＡさんとＢさんの関係は、それで終わりではありません。ＡさんがＢさんに移転した目的物の内容に「種類、品質又は数量に関して契約の内容に適合しないもの」があり、後日、それが発覚して、トラブルや紛争に発展するケースがあります。「種類、品質又は数量に関して契約の内容に適合しないもの」というのは「契約不適合」といわれます。

　このような場合に適用される規定が「契約不適合責任」に関する規定です（民法562条・563条等）。契約不適合責任は、売買の目的物に契約不適合が存在して、それが取引上一般に要求される程度の注意をしても発見することができないような内容であった場合に、売主が買主に対して負う責任のことです。

　なお、2017年（平成29年）改正前の民法では「瑕疵担保責任」という名称でしたが、改正民法では名称の変更とともにさまざまな点が変更されました。ただし、契約不適合責任は、当事者の合意によってある程度自由に定めることができます。そのため、契約書の作成や確認作業の際には慎重に対応する必要

があります。「ある程度自由に定めることができる」というのは、民法572条が契約書に担保責任を負わない旨の特約をおいたとしても「知りながら告げなかった事実及び自ら第三者のために設定し又は第三者に譲り渡した権利については、その責任を免れることができない」と規定しているので、このような場合にまで契約書の中で契約不適合責任を排除する規定をおくことはできない、またはおいたとしても規定の効力は認められないと考えられるからです。

【民法（抜粋）】

（買主の追完請求権）

第562条　引き渡された目的物が種類、品質又は数量に関して契約の内容に適合しないものであるときは、買主は、売主に対し、目的物の修補、代替物の引渡し又は不足分の引渡しによる履行の追完を請求することができる。ただし、売主は、買主に不相当な負担を課するものでないときは、買主が請求した方法と異なる方法による履行の追完をすることができる。

　2　前項の不適合が買主の責めに帰すべき事由によるものであるときは、買主は、同項の規定による履行の追完の請求をすることができない。

【民法（抜粋）】

（買主の代金減額請求権）

第563条　前条第１項本文に規定する場合において、買主が相当の期間を定めて履行の追完の催告をし、その期間内に履行の追完がないときは、買主は、その不適合の程度に応じて代金の減額を請求することができる。

2　前項の規定にかかわらず、次に掲げる場合には、買主
は、同項の催告をすることなく、直ちに代金の減額を請
求することができる。

一　履行の追完が不能であるとき。

二　売主が履行の追完を拒絶する意思を明確に表示した
とき。

三　契約の性質又は当事者の意思表示により、特定の日
時又は一定の期間内に履行をしなければ契約をした目
的を達することができない場合において、売主が履行
の追完をしないでその時期を経過したとき。

四　前3号に掲げる場合のほか、買主が前項の催告をし
ても履行の追完を受ける見込みがないことが明らかで
あるとき。

3　第1項の不適合が買主の責めに帰すべき事由によるも
のであるときは、買主は、前2項の規定による代金の減
額の請求をすることができない。

【民法（抜粋）】

（担保責任を負わない旨の特約）

第572条　売主は、第562条第1項本文又は第565条に規定する場
合における担保の責任を負わない旨の特約をしたときで
あっても、知りながら告げなかった事実及び自ら第三者
のために設定し又は第三者に譲り渡した権利については、
その責任を免れることができない。

【商法（抜粋）】

（買主による目的物の検査及び通知）

第526条　商人間の売買において、買主は、その売買の目的物を

受領したときは、遅滞なく、その物を検査しなければならない。

2　前項に規定する場合において、買主は、同項の規定による検査により売買の目的物が種類、品質又は数量に関して契約の内容に適合しないことを発見したときは、直ちに売主に対してその旨の通知を発しなければ、その不適合を理由とする履行の追完の請求、代金の減額の請求、損害賠償の請求及び契約の解除をすることができない。売買の目的物が種類又は品質に関して契約の内容に適合しないことを直ちに発見することができない場合において、買主が6箇月以内にその不適合を発見したときも、同様とする。

3　前項の規定は、売買の目的物が種類、品質又は数量に関して契約の内容に適合しないことにつき売主が悪意であった場合には、適用しない。

　【サンプル4－1－9】をご覧ください。【サンプル4－1－9】は契約不適合責任に関する規定です。この規定は、どちらかというと買主であるBさんに有利な規定です。

　そのため、売主Aの立場に立った場合には、いくつか修正すべき点が出てきます。

　【サンプル4－1－9】　契約不適合責任（買主に有利な内容）

第○条（契約不適合責任）
1　Bは、商品の引渡しを受けた後において商品に直ちに発見することができない、種類、品質又は数量の相違その本契約の内容に適合しない状態があること（以下「契約不適合」とい

う）を発見したときは、直ちにAに通知しなければならない。
2　Bは、商品の引渡しを受けた後1年以内に、契約不適合で
あることを発見し、Aに通知したときは、Bの帰責事由の有
無を問わず、Aに対して、Aの費用負担で目的物の修補、代
替物の引渡し、不足分の引渡し（以下「追完」と総称する）、
又は代金減額を請求できる。Aは、Bが追完請求をした場合
においても異なる方法により履行することはできない。
3　前項の場合、Bは、Bの生じた損害の賠償をAに請求する
ことができる。なお、この場合の損害には信頼利益のほか、履
行利益も含まれる。
4　Bは、商品の引渡しを受けた後1年を経過した後に、商品
に契約不適合が存在することが発覚した場合には、Aは、当
該商品の検査終了時から2年以内に限り、有償で追完対応を行
う。なお、商法第526条は適用されない。

　そもそも、売主であるAさんの立場に立つと、契約不適合
責任の内容を可能な限り限定したいと考えるはずです。Aさ
んの立場では、グラデーションをつけて責任を限定することが
可能です。
　たとえば、【サンプル4－1－10】は、一切の契約不適合責
任を排除する場合のサンプルです。なお、民法572条の規定を
意識して「但し、Aが契約不適合の存在を知りながら告げな
かった場合にはこの限りではない」という規定をおいています。

【サンプル 4 － 1 －10】　契約不適合責任（売主に有利な内容
　　　　　　　　　　　　①／一切負担しない）

第○条（契約不適合責任）
　 A は、本商品について、一切の契約不適合責任を負担しない。
但し、A が契約不適合の存在を知りながら告げなかった場合に
はこの限りではない。

　次に、【サンプル 4 － 1 －11】は、商品の引渡しが行われ、
検収が完了した後は、買主である B さんが自分の希望する方
法で担保責任を追及することはできないとするものです。①担
保責任を負担する時期をいつまでにするか、②担保責任の範囲
をどこまでにするかということで、グラデーションをつけてさ
まざまな規定に変更することができます。

　【サンプル 4 － 1 －11】　契約不適合責任（売主に有利な内容
　　　　　　　　　　　　②／検収合格以後は方法の指定が限
　　　　　　　　　　　　定）

第○条（契約不適合責任）
　 A は本件商品を現状有姿のまま引き渡すものとし、B は、本
件商品の検収完了後においては、本件商品の修補、代替物の引渡
し、又は不足分の引渡等、自ら指定した方法での履行の追完及び
代金額の減額を請求することはできない。但し、A が引渡し時
に契約不適合の存在を知りながら告げなかった場合にはこの限り
ではない。

【サンプル4−1−12】　契約不適合責任（売主に有利な内容
　　　　　　　　　　　　　③／一定期間経過後は負担しない）

第○条（契約不適合責任）
　Aは、本契約○条の検収期間中に、Bからの申出があった場合又は本製品について受領後の検品において発見できないような問題が本製品引き渡し後○か月以内に発見され、これがAに通知された場合には、Bの指示に基づき、速やかにAの費用負担により代替品や不足品の納入、修理、過剰納品の引取り等を行う。この場合、AはBが請求した方法と異なる方法による履行の追完をすることができる。但し、Aが引渡し時に契約不適合の存在を知りながら告げなかった場合にはこの限りではない。

　もう一例紹介します。【サンプル4−1−13】をご覧ください。こちらは【サンプル4−1−9】を基に、売主に有利な規定に変更するために修正したものです。削除した箇所には削除線を引き、加筆した部分には網掛けと下線を付しています。①時期については、第2項で「引渡しを受けた後6か月以内」に制限し、②担保責任の範囲についても、第2項で売主であるAさんが自分で選択する余地を残したり、第2項および第3項で基本的には追完請求を原則としつつ代金減額請求は例外的に行える内容に修正したものです。

【サンプル4−1−13】　契約不適合責任（売主に有利な内容
　　　　　　　　　　　　　④／一定期間経過後は追完責任の負
　　　　　　　　　　　　　担はなし）

第○条（契約不適合責任）
　1　Bは、商品の引渡しを受けた後において商品に直ちに発見

することができない、種類、品質又は数量の相違その本契約の内容に適合しない状態があること（以下「契約不適合」という）を発見したときは、直ちに A に通知しなければならない。

2　B は、商品の引渡しを受けた後 6 か月以内に、契約不適合があることを発見し、A に通知したときは、~~B の帰責事由の有無を問わず、~~A に対して、~~A の費用負担で~~目的物の修補、代替物の引渡し、不足分の引渡し（以下「追完」と総称する）又は代金減額を請求できる。~~A は、B が追完請求をした場合においても異なる方法により履行することはできない。~~但し、A は、B に不相当な負担を課するものでないときは、B が請求した方法と異なる方法による履行の追完をすることができる。

3　前項に規定する場合において、B が相当の期間を定めて履行の追完の催告をしたにもかかわらず、その期間内に履行の追完がないときは、B はその不適合の程度に応じて代金の減額を請求することができる。但し、履行の追完が不可能である、又は A が履行の追完を拒絶する意思を明確にしている、その他、B が催告をしても履行の追完を受ける見込みがないことが明らかであるときは、B は、何らの催告なくして代金の減額請求をすることができる。

4　契約不適合が B の責めに帰すべき事由によるものであるときは、B は、A に対し、前 2 項の請求をすることができない。

5　前項の場合、B は、B に現実的に生じた損害の賠償を A に請求することができる。~~なお、この場合の損害には信頼利益のほか、履行利益も含まれる。~~

6　B は、商品の引渡しを受けた後 6 か月を経過した後に、商品に契約不適合が存在することが発覚した場合には、A は、当該商品の検査終了時から 1 年以内に限り、有償で追完対応を行う。~~なお、商法第526条は適用されない。~~

2. 利用型／貸す・借りる

（1） 利用型の契約

　利用型の典型契約には、①消費貸借契約、②賃貸借契約、③使用貸借契約があります。利用型の非典型契約には、著作権や商標権の利用許諾契約（ライセンス契約）等があります。利用型の契約の共通点はいずれの契約も物や権利の利用を目的としているという点です。［図4−2−1］（利用型の契約のイメージ）をご覧ください。これはAさんがBさんに何らかの物または権利の利用を許諾して、BさんがAさんに対して対価を支払う利用型の契約のイメージ図です。この例を基に話を進めていきます。

［図4−2−1］　利用型の契約のイメージ

申込み
物または権利を1月10万円で貸します。

承諾
物または権利を1月10万円で借ります。

Aさん　物または権利　　　　　　　　　　　　　　Bさん

第4章　各種契約の具体的内容と注意点

利用型の契約の場合には、交換型の契約とは違って、ある程度の期間、当事者間の契約関係が存続することになります。物や権利の借主であるBさんは、Aさんから借りた目的物や権利を、一定期間、使用したり収益を図ったりすることを目的として契約を締結するのが通常です。

　貸主であるAさんとしては、自分の大切な物や権利をBさんに預けるわけですから、大切に使用してほしいと願うはずですし、契約期間が終了した後には速やかに返してほしいと願うはずです。他方で、借主であるBさんとしては、Bさんが契約を締結した目的を達成するために必要かつ十分な物や権利を貸してもらいたいと願うはずです。

　利用型の契約を締結するに際しては、このような当事者双方が抱いている思惑の中で、どのように当事者の合意を図るかが検討されていくことになります。

⑵　利用型の契約の流れの中で注意すべきポイント

　利用型の契約の合意から履行（AさんがBさんに物を引き渡し、Bさんが物を利用しつつAさんに利用の対価を支払い、契約の目的を達成した後に、BさんがAさんに物を返す）が完了するまでの流れをまとめたのが、［図4-2-2］（利用型の契約のフロー）です。①から⑤までの番号が付してありますが、①から⑤の場面ごとに、AさんとBさんのそれぞれの立場で注意すべきポイントがあるので、順に説明していきます。

[図4－2－2] 利用型の契約のフロー

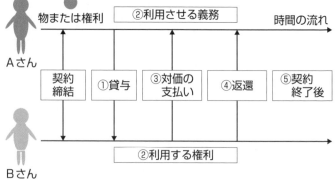

(A) 物や権利を特定したうえで貸与／貸借すること

Aさんの立場でもBさんの立場でも利用型の契約において重要なのは、まずは対象となる「物」や「権利」を特定することです。この点にずれがあるとそもそも利用型の契約として成り立ちません。また、利用型の契約の中には著作権や商標権といった無体財産権を対象とするライセンス契約があります。不動産だとか動産と違って形が目に見えるわけではないので、契約書の文言や記載の中で、これらの権利の内容や範囲を明確に特定する必要があります。

Aさんの立場からすると、自分が権利を有している物や権利を他人に利用させるのですから、利用させる物や権利を明確にして、必要以上の物や権利を貸与する内容にならないようにする必要があります。Bさんの立場からすると、一定の目的をもって他人から物や権利を借りるわけですから、利用しうる物や権利がしっかりと確保できているかを慎重に確認する必要

があります。この点に関する記載方法については、「第2章　契約の種類と基本フレーム」「7　基本フレーム⑤・契約書の記載表現」で説明しましたので、そちらでご確認ください。

　【サンプル4−2−1】は不動産である建物の場合の例、【サンプル4−2−2】は動産である自動車の例、【サンプル4−2−3】は無体財産であるマークやロゴの例ですが、いずれも対象を特定するために必要な情報を契約書に文言として落とし込む必要がありますので、記載項目に注意してください。

【サンプル4−2−1】　目的物の特定①（不動産）

第○条（建物の賃貸）

　AはBに対して、本契約に基づき下記の建物を賃貸する。

記

　　所　　在　　　北海道札幌市中央区南○条西○丁目

　　家屋番号　　　○○○○

　　種　　類　　　店舗

　　構　　造　　　木造○○葺平屋建

　　床 面 積　　　○○○○平方メートル

【サンプル4−2−2】　目的物の特定②（動産）

第○条（自動車の使用許諾）

　AはBに対して、A所有の下記自動車を、本契約に基づき使用する権利を許諾する。

記

　　　　自動車登録番号　　　札幌○○○ふ○○○○

　　　　自動車の種別　　　　小型

　　　　車名　　　　　　　　○○○○

　　　　型　　　　　　　　　○−○○○○○○

車体番号	○○○○○－○○○○

【サンプル4−2−3】 目的物の特定③（無体財産）

第○条（標章の使用許諾）

　AはBに対して、本契約に基づき下記の標章を使用する権利を許諾する。

記

Ambitious Law Office
アンビシャス総合法律事務所

Ⓑ　**利用期間中の権利・義務を明確に規定すること**

　交換型の契約は、契約の目的物を1回または複数回給付すればそれで終了するのが通常ですが、利用型の契約は、契約の目的物や権利を利用するために一定期間継続するのが通常です。契約期間は契約ごとにさまざまですが、数カ月程度の契約もあれば、何十年にもわたる契約もあります。契約期間が長ければ長いほど、その間に契約当事者にはさまざまな事情が発生しますし、契約当事者を取り巻く環境にもさまざまな変化が生じます。そのため、貸主であるAさんの立場でも、借主であるBさんの立場でも、注意すべき事柄は多岐にわたります。

　たとえば、利用型の契約の典型である建物賃貸借契約の場合をみてみましょう。建物の所有者であり建物賃貸借契約の貸主であるAさんの立場からすると、借主であるBさんには契約で定めた使用目的のとおりに使用してもらう必要がありますし（【サンプル4−2−4】）、勝手に目的物の現状を変更されてし

まっても困りますし（【サンプル4－2－5】）、勝手に造作を設定されてしまっても困りますし（【サンプル4－2－6】）、勝手に第三者に転貸されてしまっても困るので（【サンプル4－2－7】）、それらを禁止する事項を建物賃貸借契約にあらかじめ規定しておく必要があります。

【サンプル4－2－4】 使用用途

第○条（用途）
　Bは本件建物を専らBの店舗としてのみ使用するものとする。

【サンプル4－2－5】 禁止事項

第○条（禁止事項）
　Bは、次の各号に定める行為をしてはならない。
① 本契約に基づく賃借権を譲渡又は担保に供すること
② 本件建物を店舗以外の用途に供すること
③ 本件建物にAが許可した以外の引火物その他の危険物を持ち込むこと
④ 本件建物の現状を改造又は変更すること

【サンプル4－2－6】 造 作

第○条（造作）
　Bは、本件建物の使用を開始する前にAに対して造作の設計図を示し、事前にAの書面による承諾を得た後に、造作の工事を始めなければならない。賃貸借期間中に店舗の造作又は模様替えを行う場合も同様とする。

【サンプル4－2－7】　無断転貸の禁止

第○条（無断転貸の禁止）
　Ｂは、事前にＡの書面による承諾なくして、本件建物を第三者に対して転貸してはならない。

　また、たとえば、建物賃貸借契約の場合、防火、防災などの目的で貸主であるＡさんが借主であるＢさんに貸した建物内に立ち入る必要が生じる場合もあります。そのような場合に備えて立入りの可否や手続に関する規定を設けておく視点も必要です（【サンプル4－2－8】）。

【サンプル4－2－8】　立入り

第○条（立入り）
1　Ａは、本件建物の防火、本件建物構造の保全、その他本件建物の管理上特に必要があるときは、予めＢの承諾を得て、本件建物に立ち入ることができる。
2　Ａは、火災による延焼を防止する必要がある場合、その他緊急の必要がある場合には、予めＢの承諾を得ることなく本件建物に立ち入ることができる。この場合において、ＡがＢの不在時に本件建物に立ち入った場合には、Ａは、立入り後直ちに、Ｂに対して、その旨を伝えなければならない。

　建物賃貸借契約の借主であるＢさんの立場からすると、賃貸借契約を締結した目的が達成できるようにする必要があります。たとえば、建物の賃貸借契約において、必要な修繕の負担等を明確にしておくことが必要です（【サンプル4－2－9】）。

【サンプル4−2−9】 契約期間中の修繕

> 第○条（契約期間中の修繕）
>
> 　Aは、Bが本件建物を使用するために必要な修繕を行わなければならない。ただし、Bの故意又は過失により必要となった修繕に関する費用はBが負担する。

　また、賃借物は賃貸人の所有物なので、本来、賃借人が賃借物を修繕する権限はありませんが、2017年（平成29年）改正民法では、賃借人が賃貸人に修繕が必要であることを通知し、または賃貸人がその旨を知ったにもかかわらず、賃貸人が相当の期間内に必要な修繕をしないときや、急迫の事情があるときには、賃借人が修繕できることになりました（民法607条の2）。

　この点を明示しておきたい場合には、賃貸借契約書に【サンプル4−2−10】のような規定をおいてください。

【サンプル4−2−10】 賃借人の修繕権

> 第○条 （賃借人の修繕権）
>
> 1　Bが、賃借物に修繕を要する箇所を発見したときは、Aに通知するものとし、Aが当該通知を受け取ったにも関わらず、正当な理由なく修繕を実施しないとき又は急迫の事情があるときには、Bは自ら修繕を行うことができるものとする。
>
> 2　前項の場合において、その修繕がAの負担に属するものであるときは、その修繕をするために必要となる費用を事前に又は事後にAに請求することができる。但し、この場合、Bは、Aに対して、修繕開始後速やかに、Aにその旨通知する。

ⓒ 対価の有無・内容・支払時期・支払方法を明確に規定すること

　利用型の契約の典型である建物賃貸借契約の場合をみてみましょう。建物の所有者である貸主であるＡさんの立場でも、借主であるＢさんの立場でも、賃料や費用負担に関する規定は重要なポイントになります。具体的には、賃料の支払方法を明確に規定したり（【サンプル4－2－11】）、賃料以外の費用負担の規定を設けたり（【サンプル4－2－12】）、賃料を増減する場合の規定を設けたりして（【サンプル4－2－13】）、賃料や費用負担に関する合意事項を明確に規定しておくことが必要です。

【サンプル4－2－11】　賃　料

第○条（賃料）
　Ｂは、Ａに対し、本件建物の賃料として月額金○○円を、毎月末日限り、Ａの指定する口座に振込み支払うものとする。

【サンプル4－2－12】　付加使用料

第○条（付加使用料）
　Ｂは、電気、ガス、水道料金等、本件建物の使用に必要な一切の費用を負担する。

【サンプル4－2－13】　賃料の変更

第○条（賃料の変更）
　本契約に基づき設定された賃料が、物価の騰落、租税公課の増減、その他経済上の変動によって、若しくは近隣の建物の賃料相場と照らして著しく不相当となった場合には、Ａ及びＢは、相手方に対して賃料の増減を請求することができる。

⒟ **物や権利の返還に際しての決まりを明確に規定すること**

建物の所有者であり建物賃貸借契約の貸主であるＡさんの立場からすると、建物の価値を損なうことなく、期日にしっかりと建物を明け渡してもらえるかが気になります。そのため、【サンプル4－2－14】や【サンプル4－2－15】のような規定を設けておきます。

【サンプル4－2－14】　原状回復

第○条（原状回復）
1　Ｂは、Ｂの費用により新設・付加した造作・設備及びＢ所有の物件をＢの費用により撤去して、Ａに本件建物を明け渡す。
2　Ｂが、本契約終了と同時に、本件建物を原状に復さないときは、Ａは自ら造作・設備を撤去し、かつ、破損、故障、Ｂの特別な使用方法に伴う損耗を修復し、その費用をＢに請求することができる。

【サンプル4－2－15】　明渡し

第○条（明渡し）
1　本契約が終了したにも関わらず、ＢがＡに本件建物を明け渡さないときは、Ｂは本契約終了日の翌日から本件建物の明渡し完了日までの賃料及び共益費相当額の損害金並びに電気料等の諸費用相当額をＡに対して支払わなければならない。
2　Ｂは、本件建物の明渡しに際して、理由・名目のいかんにかかわらず、Ａに対して、本件建物の造作・設備について支出した諸費用、移転料、立退料、又は権利金等を請求しない。
3　Ｂは、本件建物の明渡しに際して、Ａに対して、本件建物にＢの費用をもって設置した造作・設備の買取りを請求しない。

建物賃貸借契約においては、契約締結に際して、借主である B さんから、貸主である A さんに対して、敷金を預け入れていることが通常です。そこで、建物賃貸借契約の借主である B さんの立場からすると、敷金に関して明確な規定を設定しておく必要があります。

【サンプル 4 − 2 −16】　敷　金

第○条（敷金）
1　B は、本契約から生じる一切の債務の担保として、本契約締結日に金○○円の敷金を A に預け入れる。
2　B は、本件建物を A に対して明け渡すまでの間、敷金をもって、賃料、共益費その他の債務と相殺することができない。
3　A は、B から本件建物の明渡しがあった場合には、遅滞なく、敷金の全額を B に対して返還しなければならない。ただし、A は、本件建物の明渡し時に、賃料の対応、原状回復に要する費用の未払い、その他本契約から生じる B の債務の不履行が存在する場合には、当該債務を敷金から差し引くことができる。

(E)　契約終了後の決まりを明確に規定すること

たとえば、建物賃貸借契約が終了した後に、建物内に残置物が放置される場合があります。残置物自体は、建物とは別の動産なので、動産の所有権は借主である B さんが所有権を有しています。そのため、貸主である A さんは、借主である B さんの同意なくして勝手に廃棄したり処分したりすることはできません。そこで、建物賃貸借契約の中で、あらかじめ【サンプル 4 − 2 −17】のような規定を設けておくことが有益です。

【サンプル4−2−17】 残置物の処理

第○条（原状回復後の残置物の処理）

　本契約が終了し、BがAに本件建物を明け渡した後に、本件建物に残置された物がある場合には、Aは、Bがその所有権を放棄したものとみなして、任意にこれを処分することができる。

3. 類型③ 労務型／してもらう・する

(1) 労務型の契約

労務型の典型契約としては、①雇用、②請負、③委任、④寄託がありますが、共通点はいずれの契約も相手の労務の利用を目的としているという点です。ここでは請負契約を例として、労務型の契約で注意すべき点を説明します。[図4-3-1]（請負契約のイメージ）をご覧ください。これはAさんがBさんに10万円で成果物の完成を注文し、BさんがAさんのために成果物を完成し、AさんからBさんに対価として10万円が支払われる場合のイメージ図です。この例を基に話を進めていきます。

[図4-3-1] 請負契約のイメージ

Aさん

申込み
仕事を完成してくれたら
報酬として10万円支払います。

承諾
仕事を完成させて引き渡します。

Bさん

第4章 各種契約の具体的内容と注意点

⑵　労務型の契約の流れの中で注意すべきポイント

　労務型の契約の１つである請負契約の合意から履行（Ａさんが Ｂさんに注文し、Ｂさんが注文内容に従って成果物を作成し、完成後 Ａさんに成果物を引き渡し、Ａさんが Ｂさんに対価を支払う）が完了するまでの流れをまとめたのが、［図４－３－２］（請負契約のフロー）です。①から⑤までの番号が付してありますが、そのそれぞれにおいて、Ａさんと Ｂさんのそれぞれの立場で注意すべきポイントがあるので、順に説明します。

［図４－３－２］　請負契約のフロー

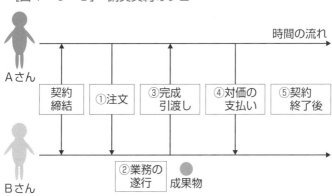

Ⓐ　注文内容を明確に規定すること

　労務型の契約である請負契約に関するトラブルの中で、最も多いトラブルポイントの１つが、注文内容の不明確性に起因するトラブルです。注文者である Ａさんにとっては、対価を支払って注文する以上は、注文したとおりの成果物を完成しても

らわなければ契約目的を達成できません。他方で、請負人である B さんにとっては、A さんから注文された内容どおりに成果物を完成したにもかかわらず、成果物の完成引渡し後に、A さんからは「注文した内容はそのようなものではなかった」と言われても困ります。トラブルや紛争の規模はさまざまですが、私も弁護士になってから、この種のトラブルや紛争の解決に向けた業務を途切れることなく担当しています。なかには、そもそも契約書が存在しない場合もありますが、契約書が存在しているにもかかわらず、契約書上の記載が不明瞭であるために、トラブルや紛争に発展するケースも後を絶ちません。このような不幸な事態は契約書に適切な規定をおくことで防ぐことができます。

　たとえば、【サンプル4－3－1】をご確認ください。第1項で、A さんが B さんに依頼する内容は「本件成果物」の製作です。「本件成果物」という表現だけでは、B さんとしては、どのような内容の物を製作すればよいのかわかりません。そこで、第2項で、「本件成果物」の仕様については、契約書とは別に A さんから B さんに対して「仕様書」を用意して、そこで内容の詳細を特定するといった形式になっています。「仕様書」にはサイズや企画や色彩など、可能な限り詳細な内容を規定しておいたほうが、将来の紛争の予防には有益です。

【サンプル4－3－1】　製作委託（注文内容の明確化）

第○条（製作委託）
1　A は、B に対して、A が販売する○○○○（以下「本件成果物」という）の製作を委託し、B は本件成果物を製作して、A に納品する。

⒝　**業務遂行における決まりを規定すること**

　たとえば、自分が販売する製品の品質を一定のものに保つた
めに、注文者であるAさんから材料が支給される場合があり
ます。そのような場合には、【サンプル4－3－2】のように、
材料の支給に関する規定や、支給された材料の使用方法に関す
る取決めを定めておく必要があります。

【サンプル4－3－2】　材料支給

第○条（材料支給）
1　Aは、Bに対して、本件成果物の製作に必要な材料を支給
　する。
2　Bは、前項に基づきAから支給を受けた材料を、本件成果
　物を製作するためのみに使用する。

　また、注文者Aさんが請負人Bさんに対して、図面や仕様
書など、本件成果物を製作するために必要な情報を提供して、
Bさんに製作を依頼する場合には、注文者であるAさんから、
請負人であるBさんに対して、企業秘密が開示されることが
あります。このような場合の企業秘密の開示や漏えいを防ぐた
めに、【サンプル4－3－3】のような規定を設け、請負人の
Bさんに対して、通常の機密保持条項よりも具体的な機密保
持義務を負担させておく必要があります。

【サンプル4－3－3】　機密保持

第○条（機密保持）
　Bは、本件成果物を製作するに際し、Aの工業所有権、技術

上及び業務上の機密を尊重し、これを侵害又は漏えいする等、A
の権利を害し、又は A の権利を害するおそれがある行為をして
はならない。なお、本条の義務は本契約終了後も引き続き効力を
有するものとする。

　さらに、技術上または営業上の機密以外に、A さんから B
さんに対して知的財産の開示を行う場合があります。この場合
には、B さんは、A さんから開示を受けた知的財産を活用し
て成果物の製作を行うわけですが、B さんが、勝手に他の用
途に知的財産を使用してしまったり、第三者に対して使用許諾
をしてしまったりしては困ります。そのような場合に備えるた
めには、【サンプル 4 − 3 − 4】のような規定を設けておくこ
とが有益です。

【サンプル 4 − 3 − 4】　知的財産の管理

第○条（知的財産の管理）
　B は、A から開示、使用若しくは利用又は実施を許諾された
産業財産権、著作権、ノウハウその他の知的財産（以下あわせて
「知的財産」という）に関し、善良なる管理者の注意をもって管
理し、本件業務遂行の目的以外には使用せず、また、A の事前
の承諾なくして第三者に使用を許諾してはならない。

Ⓒ　完成・検収・引渡しの条件を規定すること
　請負契約で、よくあるトラブルの 1 つに「請負人から引渡し
を受けた成果物が注文内容とは違っていた」とか「注文者から
言われたとおりの仕事をしたのに仕事が不十分だと言われて報
酬を支払ってもらえない」といったものがあります。このよう
なトラブルの発生を防ぐために、請負契約書の中で、仕事の完

成・検収・引渡しに関する条件を設けておくことが有益です。

　具体的には、まず、【サンプル４－３－５】のように「検収」の条件に関する規定を設けます。第１項では、注文者であるＡさんが成果物の受入検査を行い、Ａさんが合格と判断したもののみＡさんが受け入れることを定めます。ただ、成果物の数量や内容によっては受入検査を行う暇がない場合もあるでしょうから、第２項で、受入検査を省略することができる旨の規定を設けてあります。そして、第３項と第４項では、受入検査の結果、不合格品があった場合の対応を規定してあります。

【サンプル４－３－５】　検収に係る条件

第○条（検収）

1　Ａは、Ｂが本件成果物を納品した後、可及的速やかに、受入検査を行い、Ａが合格と認定したもののみ受け入れる（以下「検収」という）。

2　前項の定めに関わらず、Ａ及びＢが協議の上で、予め受入検査を省略することとした場合には、ＡはＢが納品した本件成果物を直ちに検収する。

3　Ａは、受入検査の結果、本件成果物に落丁若しくは不備があることが判明したときは、Ｂに連絡又は通知するものとし、Ｂは速やかに落丁や不備を補正した上で、本件成果物を再度Ａに対して納品する。

4　Ａは、受入検査の結果、本件成果物に本件業務仕様書と著しく異なる部分若しくは何らかの瑕疵を発見したときは、Ｂに連絡又は通知するものとし、Ｂに本件成果物の再提出を求めることができる。

　次に、ＢさんがＡさんに納品した成果物に不良品があった

としても、注文者であるAさんが「これで問題がないよ」と言った場合には、不良品であっても採用する場合もあるかもしれません。そのような場合に備えて【サンプル4－3－6】のように「不良品の特別採用」に関する規定を設けておくことが有益です。

【サンプル4－3－6】 不良品の特別採用

第○条（不良品の特別採用）
　受入検査の結果、不良品と判断された本件成果物のうち、Aが特に認めたものについては、不良の程度・範囲に応じて、第○条に定める報酬を減額することを条件として、Aは本件成果物を引き取ることができるものとする。

　続いて、BさんがAさんに納品した成果物に、将来不具合が生じる場合があります。そのような場合に備えて【サンプル4－3－7】の「改良及び保守」に関する取決めも設けておきます。

【サンプル4－3－7】 改良及び保守

第○条（改良及び保守）
　Bは、本件成果物の納品後も、Aから要請があったときは、本件成果物の改良について可能な限り協力するものとし、その条件についてはAB協議して定める。

　最後に、請負の成果物の権利の帰属が問題になる場合があります。そのような場合に備えて、あらかじめ規定を設けておく必要があります。【サンプル4－3－8】は本件成果物の所有権の帰属に関する規定です。

【サンプル4−3−8】 所有権の移転

> 第○条（所有権の移転）
> 1　本件成果物の所有権は、BからAに本件成果物が引き渡された時に、BからAに移転する。
> 2　前項で定める引渡しの時とは、本件成果物の検収終了時とする。なお、不良品のうち第○条で定めるものについては、特別採用時を引渡しの時とする。

　また、所有権だけではなく、本件成果物に知的財産権が生じるような場合もあるので注意が必要です。本件成果物に知的財産権が生じるような場合には、それに関する規律を定めておく必要があります。たとえば、【サンプル4−3−9】のように、受諾者の成果である知的財産権を委託者が譲り受ける方法を「アサイン・バック」といい、【サンプル4−3−10】にように、受託者の成果である知的財産権の独占的な実施権を委託者に与える方法を「グラント・バック」といいます。将来、著作権等の成果物にかかわる権利の帰属についての紛争が生じないようにあらかじめ契約書の中で、このような権利処理を行っておくことが必要ですし、それに加えて、【サンプル4−3−11】のように、知的財産やその他の権利に関して紛争が生じそうな場合の規律も設けておくことで、将来のトラブルや紛争に備えておくという視点も大切です。

【サンプル4−3−9】 著作権①

> 第○条（著作権）
> 1　本件業務の履行に関連して、Bが著作物を創作した場合は、当該著作物の全ての著作権（著作権法第27条及び第28条の権利

を含む）はBからAへの本件成果物の引渡しによってBから
Aに譲渡されるものとする。
2　BはAに対して、前項の著作物に関する著作者人格権を行
使しないものとする。

【サンプル4－3－10】　著作権②

第○条（著作権）
　本件業務の履行に関連して、Bが著作物を創作した場合は、
当該著作物の著作権はBに帰属するものとし、BはAに対して
当該著作物を独占的に使用する権利を許諾する。

【サンプル4－3－11】　権利の侵害防止と紛争処理

第○条（侵害防止と紛争処理）
1　Bは、Aに納品する本件成果物が、第三者の知的財産権及
び営業秘密等を侵害しないことを保証する。
2　Bは、万が一、Aに納品する本件成果物に関して第三者に
対する権利侵害等の問題が発生し、又は発生するおそれのある
場合には、直ちにその旨をAに連絡しなければならない。
3　前項の権利侵害等の問題に関しては、Bが全て自己の責任
と費用で解決するものとし、Aに何らの迷惑又は損害を及ぼ
さない。万が一、当該権利侵害等の問題に基づき、Aに損害
（弁護士費用等を含む）が生じた場合には、Bはかかる損害の
全額を賠償する。但し、当該権利侵害等の問題がAの責めに
帰すべき事由による場合はこの限りではない。

Ⓓ　対価の有無・内容・支払時期・支払方法を明確に規定す
　　ること
　請負契約の場合の対価の支払時期については、民法633条に

「報酬は、仕事の目的物の引渡しと同時に、支払わなければならない」と規定されていますが、注文者であるＡと請負人であるＢとの間で報酬の支払時期について民法633条と異なる定めをすることができます。たとえば、建築請負契約の場合には、長期間の請負契約になる場合が多いため、着手金、中間金、報酬金などとして、段階的に費用が支払われることもよく行われています。

【民法（抜粋）】

（報酬の支払時期）

第633条　報酬は、仕事の目的物の引渡しと同時に、支払わなければならない。ただし、物の引渡しを要しないときは、第624条第１項の規定を準用する。

【サンプル4−3−12】　報酬①

第○条（報酬）

　Ａは、Ｂに対して、第○条第○項に規定する検収完了後○○までに、本件業務の対価として金○○円を別途Ｂの指定する口座に振込み支払う。なお、かかる振込みに要する費用はＡの負担とする。

【サンプル4−3−13】　報酬②

第○条（報酬）

　Ａは、Ｂに対して、本件業務の対価として金○○円を、以下の各号の条件にて支払うものとする。なお、かかる振込みに要する費用はＡの負担とする。

　①　本契約締結時　　　金○○円

　②　中間検査完了時　　金○○円

③　引渡し完了時　　　　金〇〇円

Ⓔ　契約終了後の決まりを明確に規定すること

　請負契約において、請負人であるBさんが注文者であるA
さんに本件成果物を納品して、AさんからBさんに対して報
酬が支払われた後に問題が生じることがあります。そのような
場合に備えて、契約が終了した後の取決めも盛り込んでおく必
要があります。たとえば、【サンプル4－3－14】のように、
契約書中の一定の条項については、契約終了後も効力が残るよ
うに規定しておいたり、【サンプル4－3－15】や【サンプル
4－3－16】のように、契約不適合責任について、民法に定め
られている内容と異なる合意をしておく等の手当てが必要です。

【サンプル4－3－14】　契約終了後の効力①（余後効）

第〇条（余後効）
　本契約が期間満了又は解除等により終了した後においても、第
〇条（著作権）、第〇条（侵害防止と紛争処理）、第〇条（秘密保
持）、第〇条（個人情報保護）、第〇条（損害賠償）、第〇条（分
離可能性）、第〇条（合意管轄）及び第〇条（協議）の規定は有
効に存続する。

【サンプル4－3－15】　契約終了後の効力②（契約不適合責
　　　　　　　　　　　　　　　　　任①）

第〇条（契約不適合責任）
　種類又は品質に関して契約の内容に適合しない仕事の目的物
（以下「契約不適合」という）をAに引き渡したとき（その引渡
しを要しない場合にあっては、仕事が終了した時に仕事の目的物
が種類又は品質に関して契約の内容に適合しないとき）であって

も、Aが本件成果物の検収を完了した後は、BはAに対する契約不適合責任を負わないものとする。但し、仕事の目的物をAに引き渡した時（その引渡しを要しない場合にあっては、仕事が終了した時）において、Bが同項の不適合を知り、又は重大な過失によって知らなかったときは、適用しない。

【サンプル4－3－16】 契約終了後の効力③（契約不適合責任②）

第○条（契約不適合責任）
1　Bの業務内容に種類又は品質に関して契約の内容に適合しない仕事（以下「契約不適合」という）があることが発見された場合、AはBに対して当該契約不適合の修正等の追完を請求することができ、Bは、当該追完を行うものとする。
2　前項に関わらず、当該契約不適合によっても、個別契約の目的を達成することができる場合であって、追完に過分の費用を要する場合、Bは前項所定の追完義務を負わないものとする。
3　Aは、Aの責めに帰すべからざる事由に基づく契約不適合により損害を被った場合、Bに対して損害賠償を請求することができる。
4　当該契約不適合について、追完の請求にもかかわらず相当期間内に追完がなされない場合又は追完の見込みがない場合で、当該契約不適合により個別契約の目的を達することができないときは、Aは本契約及び個別契約の全部又は一部を解除することができる。
5　Bが本条に定める契約不適合責任を負うのは、Aが当該契約不適合を知った時から1年以内に限るものとする。但し、Bが当該契約不適合を知り若しくは重過失により知らなかった場合、又は当該契約不適合がBの故意若しくは重過失に起因す

る場合にはこの限りでない。

6　第１項、第３項及び第４項の規定は、契約不適合がＡの提供した資料等又はＡの与えた指示によって生じたときは適用しない。但し、Ｂがその資料等又は指示が不適当であることを知りながら告げなかったときはこの限りでない。

【民法（抜粋）】

（請負人の担保責任の制限）

第636条　請負人が種類又は品質に関して契約の内容に適合しない仕事の目的物を注文者に引き渡したとき（その引渡しを要しない場合にあっては、仕事が終了した時に仕事の目的物が種類又は品質に関して契約の内容に適合しないとき）は、注文者は、注文者の供した材料の性質又は注文者の与えた指図によって生じた不適合を理由として、履行の追完の請求、報酬の減額の請求、損害賠償の請求及び契約の解除をすることができない。ただし、請負人がその材料又は指図が不適当であることを知りながら告げなかったときは、この限りでない。

【民法（抜粋）】

（目的物の種類又は品質に関する担保責任の期間の制限）

第637条　前条本文に規定する場合において、注文者がその不適合を知った時から１年以内にその旨を請負人に通知しないときは、注文者は、その不適合を理由として、履行の追完の請求、報酬の減額の請求、損害賠償の請求及び契約の解除をすることができない。

2　前項の規定は、仕事の目的物を注文者に引き渡した時（その引渡しを要しない場合にあっては、仕事が終了した

時）において、請負人が同項の不適合を知り、又は重大な過失によって知らなかったときは、適用しない。

類型④
提携型／一緒にする

⑴ 提携型の契約

　何かを一緒に行う場合の契約の典型は「業務提携契約」です。[図４−４−１]（業務提携契約のイメージ）をご覧ください。これはＡさんがＢさんとの間で業務提携を行う場合のイメージ図です。業務提携の目的のために、ＡさんはＡ業務を行うのに対し、ＢさんはＢ業務を行うことを約束しています。この例を基に話を進めていきます。

[図４−４−１]　業務提携契約のイメージ

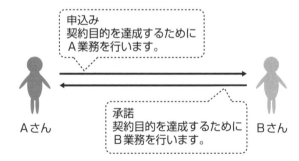

申込み
契約目的を達成するために
Ａ業務を行います。

承諾
契約目的を達成するために
Ｂ業務を行います。

Ａさん　　　　　　　　　　　　Ｂさん

⑵ 提携型の契約の流れの中で注意すべきポイント

　提携型の契約の典型である業務提携契約の合意から履行（Ａ

さんとBさんが共同で一定の契約目的のために、それぞれの知識や経験や業務成果を出し合いながら、成果を達成した後にその利益を分配する）が完了するまでの流れをまとめたのが、［図4－4－2］（業務提携契約のフロー）です。①から③までの番号が付してありますが、そのそれぞれにおいて、AさんとBさんのそれぞれの立場で注意すべきポイントがあるので、順に説明します。

［図4－4－2］　業務提携契約のフロー

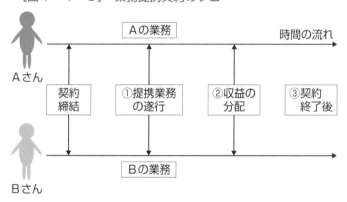

Ⓐ　提携する業務の内容を明確にすること

提携型の契約の場合には、契約当事者のそれぞれが一定の役割を担うことになります。

万が一、当事者間で提携業務の遂行に関する争いが生じたとしても、業務提携契約書の中で、それぞれの役割が明確に規定されている場合には、争いの対象は契約当事者が規定内容に沿った義務を履行しているか否かに絞られることになります。

他方で、業務提携契約書の中で、それぞれの役割が明確に規定されていない場合には、それぞれの当事者がどのような役割を担うべきだったのかという点についても争点になってしまいます。そして、実務上は、Ａさんの立場からは「Ｂさんは○○のような役割を担ってくれる約束だったのに、それをしてくれていない」とか、Ｂさんの立場からは「そんな約束はしていない」といった形でトラブルが生じることが多いものです。

　そのため、【サンプル４－４－１】のような規定を設けて、契約当事者のそれぞれがどのような役割を担うことになっているかを業務提携契約書上に明確に規定しておく必要があります。

【サンプル４－４－１】　当事者の役割

第○条（Ａ及びＢの役割）
1　Ａは、本契約に基づき、以下の各号に規定する業務（以下「Ａ業務」という）を行う。
　①　Ｂが製作する商品（以下「本商品」という）の見本を提供すること
　②　Ｂに対して本商品の仕様の詳細を記載した図面を提供すること
　③　Ｂから本商品の納品を受けてＡが運用するWEBサイト○○○○を通じて本商品を販売すること
　④　本契約の規定に基づき本商品の宣伝広告を行うこと
　⑤　○○○○○○○○
　⑥　○○○○○○○○
　⑦　○○○○○○○○
　⑧　○○○○○○○○
2　Ｂは、本契約に基づき、以下の各号に規定する業務（以下「Ｂ業務」という）を行う。

---

① 　A から見本の提供を受けた本商品を製造すること

　　② 　本契約に規定する条件に基づき A に対して本商品を納品すること

　　③ 　B の子会社である○○○○を通じて本商品を販売すること

　　④ 　本契約の規定に基づき本商品の宣伝広告を行うこと

　　⑤ 　○○○○○○○○

　　⑥ 　○○○○○○○○

　　⑦ 　○○○○○○○○

　　⑧ 　○○○○○○○○

⒝　収益の分配のルールを明確にすること

　【サンプル 4 - 4 - 1】の例は、A さんが本商品の企画を行い、B さんが本商品の製造を行い、A さんと B さんで力を合わせて本商品を販売していくといった業務提携の場合の規定です。この場合に、A さんも、B さんもそれぞれの立場で一所懸命販売活動を行い、一定の成果を得られたとします。その場合の収益の分配のルールを定めておく必要があります。【サンプル 4 - 4 - 2】は、A さんまたは B さんがそれぞれ販売した本商品の売上高の一定割合の金銭を相手に支払う内容の規定です。このような収益分配のルールや、計算報告の方法なども、トラブルが発生する可能性の高いポイントなので、規定内容には注意が必要です。

　【サンプル 4 - 4 - 2】　収益の分配

第○条（収益の分配）

1 　A は、B に対して、A が販売した本商品のうち、本契約締結日以降、毎月末日締めで書面により販売数量及び売上高の報

告を行うものとし、翌月末日までに、下記の算式で算出した金額を別途Bの指定する銀行口座に振込支払うものとする。

記

Aが販売した本商品の売上高　×　○○%

2　Bは、Aに対して、Bが販売した本商品のうち、本契約締結日以降、毎月末日締めで書面により販売数量及び売上高の報告を行うものとし、翌月末日までに、下記の算式で算出した金額を別途Aの指定する銀行口座に振込支払うものとする。

記

Bが販売した本商品の売上高　×　○○%

© 契約終了後のルールを明確にすること

業務提携契約は、お互いに緊密な関係をもちながら、共同して事業を行う場合が多いため、契約当事者がお互いに営業秘密に接する機会が多いといった特色があります。そのため、契約当事者が契約終了後も守秘義務を負う規定内容にしておくなど、【サンプル4－4－3】のように余後効の規定を設けるなど、契約終了後のルールを明確に規定しておくことが有益です。

【サンプル4－4－3】　契約終了後の効力（余後効）

第○条（余後効）

本契約が期間満了又は解除等により終了した後においても、第○条（秘密保持）、第○条（損害賠償）、第○条（分離可能性）、第○条（合意管轄）及び第○条（協議）の規定は有効に存続する。

契約書審査のポイント（総論）

第1　はじめに

　契約書の審査のあり方は審査担当者によってさまざまです。法律上の決まりや、実務上の定説はなく、正解もありません。各自の知識と経験を駆使しながら審査しているが実情だと思います。私が個人的に実践し、当事務所でも共有してきた方法も紹介させていただきますので、参考にしてください。

第2　事前審査（主に形式面）

　契約書の審査で、いきなり内容に入る人もいるかもしれませんが、先に形式面の審査を行ったほうが効率的です。気の利いたたとえではないかもしれませんが、釣った魚をいきなり調理する人は少ないのではないでしょうか。魚を美味しく調理するためには、丁寧な下準備が不可欠です。魚を調理する前に魚を捌いたり、卸したりするのと同様に、契約書の審査でも、実質的な内容の審査に入る前に下準備をしておいたほうが、効率よく審査できるように思います。番号が記載された順番に審査を進めていきます。

1　タイトル

　タイトルをみて、当事者が締結しようとしている、または契約しようとしている契約がどんな契約かを把握します。

2　前　文

　前文をみて、契約の当事者を把握します。「AとBは○○を目的（以下、「本目的」という）として、△△契約（以下、「本契

約」という）を締結する」とか「ＡとＢは、ＡがＢに対して
◇◇の検討業務（以下、「本業務」という）委託するために、△
△契約（以下、「本契約」という）を締結する」という形で、前
文に当該契約を締結する目的や業務の概要が入っている場合が
あります。この場合には、これらの内容が契約書のタイトルに
沿っているかを確認してください。また、後で繰り返し使われ
る用語の定義の設定がされていない場合には、前文のところで
「本目的」「本業務」「本契約」などの定義の設定を行ったほう
が望ましい場合もあるので、必要であれば定義の設定を行って
ください。

3　署名欄

前文に記載されている当事者と署名欄に記載されている当事
者が同一かを確認します。手元にあったひな型をコピペして使
用しているからでしょうか。前文に記載されている当事者と署
名欄に記載されている当事者の名称が異なっていることがある
ので、注意してください。また、前文で甲とされている当事者
が、署名欄では乙の欄に記載されていることもあるので、齟齬
がないか確認してください。前文では２者間の契約になってい
るにも関わらず、署名欄では３者間の契約になっている場合も
あったりするので、齟齬がないか確認し、齟齬があれば修正し
てください。

4　後　文

この段階で、後文の内容もあわせて確認します。３当事者間
の契約なのに、正本や写しの作成通数が合致していない場合が
あるので、当事者数を確認したうえで、正本を保持するのは誰
で、誰は写しを保有し、または保有しないかを確認して、適切
に表現がされているかを確認します。

5 ページ番号

ページ番号が付されていない契約書があります。ページ番号が付されていないと、各ページの連続性を示すために契印をする必要が生じたり、契約書を使用する各場面（交渉や裁判など）で引用が面倒だったりするので、ページ番号が付されていない場合には、ページ番号を付しましょう。

6 条文数

契約書の冒頭に戻って、ざっと条文数を数えていきます。手元にあったひな型をコピペして使用したうえで、加除訂正しているからでしょうか。条文が重複して「第8条」の次に「第8条」がもう1つ出てきたり、条文が飛んで「第8条」の次が「第10条」になっていたりする場合があるので、気づいたらこの段階で修正します。

7 条・項・号

条文数の確認作業の後に再び契約書の冒頭に戻って（または慣れてきたら条文数の確認作業と同時に）、「条」「項」「号」の階層が適切に表現されているかを確認していきます。よく考えて作成していないか、または手元にあった複数のひな型をつぎはぎして作成しているからなのか、「条」「項」「号」の区別ができていない契約書を目にすることがあります。条文には階層があります。「条」「項」「号」に整理されますが、項で「1」「2」「3」……と付番したのに、号にも「1」「2」「3」……と付番してしまい、階層が不分明になっている場合があるので、項は「1」「2」「3」……と付番し、号は「(1)」「(2)」「(3)」……や「①」「②」「③」……と付番する等、同じ階層の内容には同じ付番にする必要があるので、修正してください。

8 漏れている一般条項

漏れている一般条項がないかを確認してください。有効期間、更新の有無、譲渡禁止、秘密保持、期限の利益の喪失、中途解約、解除、連帯保証、反社会的勢力の排除、不可抗力免責、協議解決、管轄など、多くの契約書に規定されている一般条項に漏れがある場合には、通常であれば追記する箇所に簡単にメモしておきます。その際には、本書の「第3章　各契約書に共通する一般条項」の内容や記載例を参考にしてください。

9 印　紙

最後に、印紙を貼付する必要がある契約か否か、または貼付する場合にはいくらの印紙を貼付する必要があるか予測を立てます。判断ではなく、予測を立てるにとどまるのは、印紙税の適用内容は契約書のタイトルから判断されるものではなく、契約の実体がどのような内容かで判断されるので、最終的には内容を確認しないと判断できないからです。

第3　実体審査（主に内容面）

次に、内容面の審査に入っていきます。ここでいきなり内容面を読み進めていくと、早いようではありますが、苦労することのほうが多いので、一歩立ち止まってください。内容面を読み進める前に行うことがあります。以下の内容を確認したうえで読み進めるようにしてください。

1 契約書に規定する内容を把握する

商取引に関する契約の場合には、対象となる商品が何で、それをどのような手順で取引するかといった内容を確認し、それが適切に表現されているかを確認する必要があります。そのためには、契約当事者が想定している商取引がどのような順序で

行われるかを、時間の流れに沿って確認する必要があります。複雑な商取引の場合には、スキーム図を作成したりして正確な理解に努めます。これらの作業は、確認した順番が漏れなく、適切に表現されていくかを確認するためにも、不可欠なので、正確な把握に努めてください。

2　参考にする契約書を用意する

世の中には数多くの契約書が溢れています。たくさんの書籍がありますし、インターネット上でもある程度の契約書を手に入れることができます。その中から、形式審査で把握したタイトルや大まかな契約類型の中から、今回の審査対象と同じような類型のひな型を探します。弁護士になって何年か経験を積むと「あー、この類の契約書ね？　何度も見ているから大丈夫」という過信というか慢心が生まれますが、ここで手を抜くと大きな落とし穴に嵌る可能性があります。自戒を込めていえば、常に謙虚に何年たっても駆け出しのつもりで仕事をすべきだと思います。契約書の審査は精緻な作業なので、事前準備を怠らないことが肝要です。

ひな型を探す際の注意点は以下のとおりです。

⑴　契約書のフレームを確認する

本書の「第2章　契約の種類と基本フレーム」の内容を参考にして、今回、審査を行う対象の契約がどの類の契約かを確認してください。そのうえで、参考になるひな型を探してください。

⑵　どちらの立場の契約書か確認する

参考にする契約書が手元にない場合には、書籍やインターネットを通じて参考にする契約書を探すことになります。この際に、どちらの立場で作成された契約書かを事前に確認し、自社

の立場に合った契約書を見つけてください。たとえば、買主の立場で売買契約書を審査しなければならないのに、手元にあるのが売主に有利な内容になっている売買契約書だと参考にならず、本末転倒なので注意してください。

(3) 必ず複数の雛型を見比べる

たまに1通のひな型だけを参考にして契約書の審査を行おうとする人がいますが、おすすめできません。完璧な内容のひな型は多くありません。たまたま完成度が高く、かつ審査対象となっている契約書に近似するひな型を見つけることができたかもしれませんが、それのみを拠り所にするのは危険です。

3 審査スタンスを確認する

契約書を審査する際のスタンスを今一度確認したうえで、実体面の審査に入っていくことになります。弁護士でも勘違いしてしまうことがありますが、以下の内容をご確認ください。

(1) 国語の時間ではない

「テニオハ」の修正や、「〜するものとする」を「〜する」に修正するなど、契約内容にかかわらない修正に終始してしまう人がいます。このような修正は、契約相手の感情を害するだけで、百害あって一利なしというか、有意義な修正ではありません。契約書の審査は国語の時間ではありませんし、審査担当者は赤ペン先生でもないはずです。したがって、内容に影響がなければ、そのような部分は放っておくくらいでよいと思います。現状の表現で意味が通らなかったり、誤解を生んだり、トラブルの種になったり、明確な誤記でなければ、修正の必要はないというくらいのスタンスが適していると思います。

(2) 適切なリスクコントロールを

契約書の審査において重要なのは、リスクを正確に把握した

うえで、適切なリスクコントロールを行うことです。契約審査におけるリスクコントロールの方法は、リスクテイクとリスクヘッジです。その前提として条項を読み解いて生じうるリスクの内容と程度を正確に把握することが求められます。どの程度までリスクを許容できるかは事前に契約の締結主体の意向を確認しておくか、もしくは審査の過程で生じうるリスクの内容と程度についてコメントを付し、指摘したうえで判断権者の判断を仰いでください。

　その際に、リスクヘッジの案をどの程度指摘できるかが、審査者の腕の見せ所ということになります。リスクヘッジの場合の方法としては、条項を修正することでリスクの発生する場面や、発生するリスクの程度を減少させるか、リスクを第三者に転嫁させるかです。第三者に転嫁させる方法としては保険制度の活用なども検討します。

［図］　契約審査におけるリスクコントロール

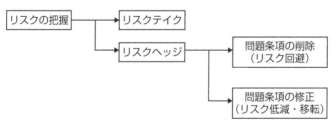

　(3)　感覚で修正しない

　たとえば、通知に関する期間で、「Ａは、Ｂに対して、３日以内に通知する」という表現があったとします。これに対して、審査を行う立場の弁護士が勝手に「Ａは、Ｂに対して、７日

以内に通知する」とするのは、どうかと思います。その弁護士個人は、自分の感覚でそう修正したほうがよいと感じたのかもしれませんが、契約の当事者でもないのだから、越権行為と考えたほうがよいと思います。修正ではなく、コメントを付して「原文では『３日以内』と定められていますが、短かすぎませんか。法律で明確に定められている箇所ではないため、この期間については、当事者が合意で決めることができます。適当な期間になっているか否かを、今一度ご確認ください」のような指摘を残すのが適切な審査姿勢です。

4 語尾の統一

たまに「です・ます調」と「である調」が混在している契約書に出合うことがあります。読んでいて気づいたら、ざっと語尾を点検して、どちらにするか、統一してください。

5 用語の統一

契約書では同一の概念は、同じ用語で表現する必要があります。同じ概念なのに複数の用語で表現されている契約書を見ることがありますが、誤解を招くので、統一してください。

6 用語の反復回避

契約書では用語の反復を回避するために「☆☆（以下「◇◇」という）」という表現で定義します。一度定義したにもかかわらず、繰り返し「☆☆」と表現している契約書を見ることがありますが、せっかく定義した意味がなくなるので、定義した用語に修正してください。

7 取引条件の確認

契約締結前に話していた取引条件と契約書の内容に齟齬があると、トラブルの基になる場合があります。ここはとても重要な点なので、慎重に確認してください。

8　当事者の一方だけが主語になっている規定は要注意

主語が当事者の一方だけになっている規定には注意してください。たとえば「甲は、乙に次の各号に該当する事由がある場合には、本契約を解除できる」という規定があったとします。この場合、甲にだけ解除権が認められているように読めるので、不公平です。乙の立場で審査する場合には「甲又は乙は、相手方に次の各号に該当する……」という形に変更すべきです。

9　義務内容の特定

当事者の義務内容が抽象的に記載されていたため、後日、紛争に発展する例があります。たとえば「甲は、乙に対し、本契約に基づき販路開拓に向けたアドバイザリー業務を行う」と規定されていたとします。これだと具体的な業務内容が定まらず、当事者の思惑が異なる場合があります。そのため、事前によく話し合って、アドバイザリー業務の具体的な内容（回数、時間、具体的なアドバイス方法、アドバイスを行う範囲等）を確認し、加筆修正してください。

10　対応可能な内容への変更

規定内容が現実的に対応可能な内容になっているかを確認してください。たとえば、表明保証条項で、「甲は、乙に対し、甲が第三者のいかなる権利も侵害していないことを表明し、保証する」と規定されていたとします。甲自身が認知していることは限られているので、この規定だと表明保証の範囲が広範すぎて現実的ではありません。そのため、「甲が知り得る限り」という文言や「本契約締結時点において」という文言を加筆することで範囲を限定し、対応可能な内容に変更してください。

11　義務の程度の調整

義務の程度を調整することで、責任内容の強弱を変更するこ

とができます。「○○するよう努力する」という条項を「○○しなければならない」とか「○○する」に変更することで義務の程度を強めることができます。逆に、「○○しなければならない」という条項を「○○するよう努力する」に変更することで、義務の程度を弱めることができます。

12　責任の限定

責任を負う「場面」が限定されていない契約書を見ることがあります。たとえば「乙が○○の義務を履行しなかった場合には、乙は甲に損害を賠償する」という規定だと、乙は、不可抗力で義務を履行しなかった場合にも損害賠償をしなければならず、過大な責任を負うことになります。このような場合には、「乙の責めに帰すべき事由により、乙が○○の義務を……」と変更してください。

また、責任を負う「範囲」の調整も検討してください。責任を負う範囲を制限する方法としては、直接的に違約金に関する規定を設ける方法や、「乙が○○の義務を履行しなかった場合には、乙は甲に損害を賠償する」という規定の後に「但し、乙は、本契約で乙が甲から受領した金額を上限として責任を負う」という文言を追加する方法があります。他方で、責任を負う範囲を広げる方法としては、「損害」の用語を「損害（逸失利益や甲が要した弁護士費用の全額を含む）」といった形で注記する方法があります。

第4　条項の追加

内容面の確認を終えた後に、新たに条項を追加する場合があります。ここで、弁護士でも自分の感覚に応じて作文してしまう人がいますが、特に経験の浅い弁護士は危険です。必要な記

載がなされていない可能性があります。作文は最後の手段として、その前にやるべきことがあるので、以下の内容を参考にしてください。

1　条項のひな型を探す

今は便利な時代で、情報が溢れています。よほど特殊な条項でない限りは、書籍やインターネットを通じて何らかの条項を探すことができます。それにもかかわらず、参考にできる条項が見つからないということは、リサーチが不足しているだけです。手を抜かずに根気強く探しましょう。この過程で、契約書審査に限らず、リサーチ力が高まるので、それを習得してください。

2　追加する位置を決める

ひな型を見つけた場合には、それを参考にして、審査対象の契約書のどこに条項を追加するか、その位置を考えてください。一般的な構成としては、①契約の目的、②本来的な権利義務、③附随的な権利義務、④債務不履行が生じた場合、⑤契約期間、⑥紛争解決の方法（管轄・協議）といった順番になっていることが多いので、そのどこに追加するかを審査対象の契約書を読みながら決定します。

3　条項が見つからない場合

ひな型を探しても、条項が見つからない場合、多くはリサーチ不足なので、引き続き条項を探してください。きっと見つかるはずです。「それでも見つからない場合にはどうしたらよいか？」と尋ねられる場合があります。ここで、無手勝流で作文するのは危険です。よほどの達人であれば別ですが、多くは必要な記載が足りていなかったり、不十分な内容になっていたりするものです。どうすればよいかというと、拠り所を探します。

拠り所は、似たような内容を規定している法律の条文の書き方、過去に裁判等を経験していれば裁判所で作成された和解条項案や調停条項案、要件事実の記載例といったところでしょうか。それでも見つからない場合には、ベテランの熟達した弁護士に聞いてみるといったことも検討しましょう。根気強く参考になる拠り所を探したうえで、最終的には作文になりますが、その際でも一部でも参考になるものを探したうえで、作成する姿勢が大切です。

4　追加した後の整合性を確認する

　無事に条項が追加できたら、それで終わりではありません。条項を追加したことによって、条文数にずれが生じたり、引用箇所の記載を変更する必要が生じる場合があるので、整合性を確認して、必要な修正を行ってください。

おわりに
〜誤解のない契約で豊かな社会の実現を〜

　世の中にはさまざまな内容の契約が溢れています。コンビニエンスストアでガムを買うのも契約ですし、デートの約束も契約です。職場で働くのも契約ですし、仕事上で外部の会社に何かをお願いするのも契約です。私たちは、1日の中で何度も何度も契約を締結しながら過ごしています。当然のことながら、そのすべての場面で契約書を取り交わすのは現実的ではありません。ですが、重要な約束事を行う場面や、大規模な商取引を行う場面では、契約書を取り交わしておくことが有益です。

　私は、企業法務を専門とする弁護士として、来る日も来る日もトラブルや紛争の解決のために仕事をしていますが、それらの多くは、契約書を締結しておけば、そもそもトラブルや紛争に発展しなかったと思えたり、トラブルや紛争に発展したとしても、解決までの時間を短縮できたり、解決しなければならない争点を少なくできたりすることができるものばかりです。もちろん単に契約書を締結しておけば十分なわけではありません。大切なのは「適切な内容で契約書を締結する」ことです。

　本書では、私のこれまでの弁護士としての職務経験を踏まえて、「適切な内容で契約書を締結する」ためのエッセンスを紹介しました。本書を通してお読みいただくことで、トラブルや紛争の発生を未然に防ぐためのコツをご理解いただけるものと考えています。契約書には多くの落とし穴があります。しかし、本書をとおしてトラブルや紛争の発生を未然に防ぐためのコツを理解しておけば、そのような落とし穴に落ちることなく、安心して日々の生活や事業の運営を行っていけるはずだと確信し

ています。

　本書で紹介した内容が、企業や事業者を成長させる糧となり、笑顔あふれる明るい豊かな社会が実現していくことを願っています。

事項索引

事項索引

事項索引

〔著者略歴〕

奥 山 倫 行（おくやま　のりゆき）

アンビシャス総合法律事務所・パートナー弁護士

（経歴）

1993年3月	北海道立札幌南高等学校卒業
1998年3月	慶應義塾大学法学部法律学科卒業
2001年3月	慶應義塾大学大学院法学研究科修士課程修了
2001年4月	最高裁判所司法研修所入所（55期）
2002年10月	第二東京弁護士会登録
	TMI総合法律事務所入所
2007年2月	TMI総合法律事務所退所
2007年4月	札幌弁護士会登録
	アンビシャス総合法律事務所設立

北海道ベンチャーキャピタル株式会社社外取締役、医療法人社団一心会理事、エコモット株式会社社外監査役、株式会社 ITAKOTO 社外取締役、EZO CONSULTING GROUP 社外取締役、札幌商工会議所相談員、北海道よろず支援拠点コーディネーター等

（重点取扱分野）

企業法務／コンプライアンス／リスクマネジメント／不祥事対応／クレーム対応／IPO 支援／ M&A

（主要著書）

・『弁護士に学ぶ！　企業不祥事・謝罪対応のゴールデンルール』（2021年）273頁　2500円（税別）

・『弁護士に学ぶ！　債権回収のゴールデンルール〔第2版〕』

（2020年）337頁　2500円（税別）
・『弁護士に学ぶ！　交渉のゴールデンルール〔第２版〕』
　（2019年）211頁　2000円（税別）
・『成功する！　M&Aのゴールデンルール』（2016年）216頁
　2300円（税別）
・『弁護士に学ぶ！　クレーム対応のゴールデンルール』
　（2014年）232頁　1600円（税別）

〔事務所所在地〕
アンビシャス総合法律事務所
〒060-0042　北海道札幌市中央区大通西11丁目4-22
　　　　　　　第２大通藤井ビル８階
TEL　011-210-7501（代表）
FAX　011-210-7502
URL　http://ambitious.gr.jp

著者略歴

弁護士に学ぶ！

契約書作成のゴールデンルール〔第2版〕
──転ばぬ先の知恵と文例

2021年12月22日　第1刷発行

定価　本体2,500円＋税

著　　者　奥山　倫行
発　　行　株式会社　民事法研究会
印　　刷　株式会社　太平印刷社

発 行 所　株式会社　民事法研究会

〒150-0013　東京都渋谷区恵比寿 3-7-16

〔営業〕TEL 03(5798)7257　FAX 03(5798)7258
〔編集〕TEL 03(5798)7277　FAX 03(5798)7278
http://www.minjiho.com/　info@minjiho.com

落丁・乱丁はおとりかえします。ISBN978-4-86556-482-2 C2034 ￥2500E
カバーデザイン　袴田峯男

ビジネス法文書を作成するために必要な知識やノウハウなど詳しく解説！

ビジネス法文書の基礎知識と実務

弁護士　花野信子　編著

A5判・264頁・定価2,750円（本体2,500円＋税10％）

▶ビジネス上、基本的に抑えておくべき請求書・警告書・催告書・通知書など、代表的なビジネス法文書71の書式例と作成上の注意点を詳解！

▶具体的事例と共に、ビジネスプロセスのどの段階で、どのような書面を、どのような考えで準備するのかを当事者双方の立場から解説！

▶コロナ禍で注目される電子化の動向について、電子取引・電子契約・文書管理法の視点から紹介！

▶企業の法務担当者はもとより、あらゆるビジネスマンや若手弁護士・司法書士にも役立つ実務入門書！　新社会人にも最適！

本書の主要内容

第1編　ビジネス法文書の基礎知識
　第1章　ビジネス法文書の特徴
　第2章　ビジネスプロセスとビジネス法文書
　第3章　ビジネス法文書作成上の留意点
第2編　ビジネス法文書の作成実務
　はじめに
　第1章　ビジネス法文書のフォーマット
　第2章　請求書
　　Ⅰ　基礎知識／Ⅱ　請求書の典型例と留意すべき事項／Ⅲ　その他の請求書の記載例と留意すべき事項／Ⅳ　請求書への応答例
　第3章　警告書
　　Ⅰ　基礎知識／Ⅱ　警告書作成時の六つのポイント／Ⅲ　各種警告書の記載例と留意すべき事項
　第4章　催告書
　　Ⅰ　基礎知識／Ⅱ　各種催告書の記載例と留意すべき事項／Ⅲ　催告書への応答例

　第5章　通知書
　　Ⅰ　基礎知識／Ⅱ　通知書の典型例／Ⅲ　各種通知書の記載例と留意すべき事項
　第6章　承認・確認・拒絶の文書
　　Ⅰ　承認／Ⅱ　確認／Ⅲ　拒絶
　第7章　社内向け文書

発行 ㊓民事法研究会

〒150-0013　東京都渋谷区恵比寿3-7-16
（営業）TEL. 03-5798-7257　　FAX. 03-5798-7258
http://www.minjiho.com/　info@minjiho.com

債権法改正を踏まえ、契約書作成のための複数の具体的条項を収録！

取引契約条項別の 文例作成と チェックポイント

―債権法改正等に対応した契約担当者の実務―

経営法務フォーラム　編

Ａ５判・264頁・定価 2,860 円（本体 2,600 円＋税 10％）

▶契約類型ごとの具体的な条項の文例を複数掲載し、各着眼点を明示しつつ、チェックポイント
と考え方を解説！

▶管轄や表明保証など、契約書作成で見落としがちな条項もカバーして、条項ごとにコラムを収
録し、見やすく編集！

▶一般的な文例のほか、各当事者に有利な文例を掲載するなど、契約担当者の実務に至便！

本書の主要内容

取引契約条項別の
文例作成と
チェックポイント

▤債権法改正等に対応した契約担当者の実務

経営法務フォーラム　編

▶契約類型ごとの具体的な条項の文例を複数掲載し、各着眼
点を明示しつつ、チェックポイントと考え方を解説！

▶管轄や表明保証など、契約書作成で見落としがちな条項も、
カバーして、条項ごとにコラムを収録し、見やすく編集！

▶一般的な文例のほか、各当事者に有利な文例を掲載するな
ど、契約担当者の実務に至便！

発行 ㊵ 民事法研究会

発行 ㊵ **民事法研究会**

〒 150-0013　東京都渋谷区恵比寿 3-7-16
（営業）TEL. 03-5798-7257　FAX. 03-5798-7258
http://www.minjiho.com/　info@minjiho.com